1시간 만에 완성하는

SNS 마케팅 디자인 with 파워포인트

김기만, 배준오 지음

길벗

1시간 안에 완성하는

SNS 마케팅 디자인 with 파워포인트

Make your own SNS Marketing Designs with PowerPoint

초판 발행 · 2022년 5월 31일

지은이 · 김기만, 배준오
발행인 · 이종원
발행처 · (주)도서출판 길벗
출판사 등록일 · 1990년 12월 24일
주소 · 서울시 마포구 월드컵로 10길 56(서교동)
대표 전화 · 02)332-0931 | **팩스** · 02)323-0586
홈페이지 · www.gilbut.co.kr | **이메일** · gilbut@gilbut.co.kr

기획 · 박슬기(sul3560@gilbut.co.kr) | **책임 편집** · 연정모(yeon333718@gilbut.co.kr)
표지 디자인 · 장기춘 | **본문 디자인** · 최주연 | **제작** · 이준호, 손일순, 이진혁
영업마케팅 · 전선하, 차명환, 박민영 | **영업관리** · 김명자 | **독자지원** · 윤정아, 최희창

교정교열 · 안혜희북스 | **전산편집** · 김정미 | **CTP 출력 및 인쇄** · 천일문화사 | **제본** · 경문제책

ISBN 979-11-6521-991-8 03000
(길벗 도서번호 007140)

정가 19,800원

독자의 1초를 아껴주는 정성 길벗출판사

길벗 IT단행본, IT교육서, 교양&실용서, 경제경영서
길벗스쿨 어린이학습, 어린이어학

페이스북 ▸ www.facebook.com/gilbutzigy
네이버 포스트 ▸ post.naver.com/gilbutzigy

어려운 포토샵은 NO!
내가 기획한 SNS 콘텐츠 파워포인트로 디자인한다!

제가 파워포인트를 처음 접하게 된 건 2000년 여름입니다. 친구와 함께 닷컴회사를 설립한 후 투자처에 제출할 기획안을 만든 것이 시작이었습니다. 누구나 그렇듯 처음에는 가독성이나 디자인을 신경 쓰기보다 글자를 가득 채우고 애니메이션을 과하게 사용했던 기억이 납니다.

닷컴열풍이 지나고 조그만 회사로 돌아와서 맡은 일은 기획과 마케팅이었습니다. '기획'과 '마케팅'은 파워포인트를 자주 사용해야 하는 업무입니다. 파워포인트를 전문적으로 사용하고 싶어서 가입한 네이버의 '파워포인트전문가클럽'의 오프라인 모임을 통해 전문적인 지식과 다양한 팁 등을 배웠습니다. 이런 과정을 통해 파워포인트로 다양한 디자인을 해 보기 시작했고, 그 경험이 이 책을 집필하는 초석이 되었습니다.

작은 회사에 다니면 직원 한 명이 여러 역할을 해야 할 때가 많습니다. 저 역시 본 업무 외에 SNS 카드뉴스 디자인, 전단지 디자인, 책 표지 디자인 등을 직접 해야 하는 경우가 많았습니다. 물론 파워포인트로 말이죠.

저는 포토샵을 전혀 사용하지 못합니다. 하지만 파워포인트만으로도 다양한 디자인이 가능하다는 것을 공유하고 싶어서 이 책을 집필하게 되었습니다. 파워포인트는 학생부터 직장인까지 다양한 연령대에서 사용하는 프로그램입니다. 널리 보급된 만큼 누구나 익숙하게 사용하기 때문에 디자인 기능을 익히기 위해 별도로 시간을 투자할 필요가 없습니다. 포토샵을 못해도, 디자인 감각이 없어도 상관없습니다. 이 책에서 소개하는 예제와 인터넷에서 찾을 수 있는 다양한 디자인을 참고하여 따라하기만 하면 됩니다.

잘 만들어진 디자인 콘텐츠로 고객의 관심을 높일 수 있습니다. 이 책이 SNS 콘텐츠를 제작해야 하는 사용자들에게 조금이나마 도움이 되면 좋겠습니다. 마지막으로 이 책 출간에 도움을 주신 길벗출판사 관계자분들, 다양한 아이디어를 제공해 주신 배준오 MVP님께 감사의 마음을 전합니다. 병원에 계신 어머니, 늘 가족을 생각해 주는 형, 사랑하는 연주 · 민혁 · 민정, 제가 아는 지인분들 모두 건강하시고 사랑합니다.

김기만 드림

어려운 포토샵은 NO! 이 책은 꼭 필요한 디자인 감각을 기르는 방법부터 파워포인트로 콘텐츠를 디자인하는 방법까지 알려줍니다.

Part 00 초보자도 가능한 디자인 감각 키우기

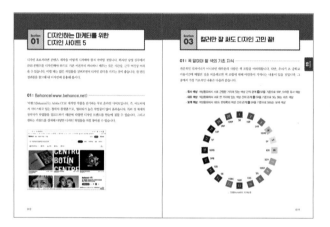

본격적인 SNS 마케팅 디자인을 시작하기 전에 비전공자가 어려워하는 배색 방법을 소개하고 디자인 초보자에게 유용한 사이트를 알아봅니다.

Part 01 SNS 디자인을 위한 실무 노하우

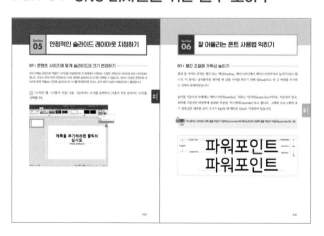

실전 예제에 들어가기 전에 SNS 마케팅 디자인에 필요한 파워포인트 필수 기능을 익힙니다. 파워포인트 전문가가 디자인에 유용한 노하우만 쏙쏙 골라 알려줍니다.

가장 많이 사용하는 SNS 콘텐츠 예제를 따라하다 보면 초보자라도 디자이너 없이 혼자서 SNS 마케팅 디자인을 완성할 수 있습니다.

Part 02 시선을 사로잡는 SNS 디자인

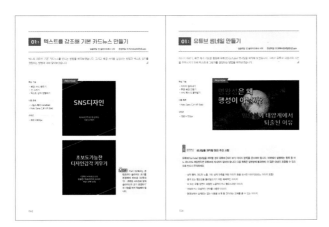

카드뉴스와 썸네일 등 SNS 마케팅에 꼭 필요한 필수 콘텐츠를 제작해 봅니다. 실전 예제를 따라하다 보면 내가 기획한 콘텐츠를 직접 제작할 수 있습니다.

Part 03 매출이 달라지는 광고 디자인

구글 및 네이버 배너, 상세 페이지는 물론 동영상 광고를 만드는 방법까지 익힙니다. 돈 한 푼 들이지 않고 광고를 제작할 수 있습니다.

≡ 목차

PART 03 : 매출이 달라지는 광고 디자인

부록 실습파일 사용 방법

길벗출판사 홈페이지(www.gilbut.co.kr)에 접속한 후 검색창에 'SNS 마케팅 디자인 with 파워포인트'를 입력하세요.

[자료실] → [부록]을 클릭해 학습 자료를 다운로드하세요.

이 책의 부록에는 실습을 따라 할 수 있는 실습파일과 완성파일이 수록되어 있습니다. 부록 파일은 내 컴퓨터에 저장해 사용할 것을 권장합니다.

무엇이든 물어보세요

『1시간 안에 완성하는 SNS 마케팅 디자인 with 파워포인트』를 따라하다가 헷갈리는 부분이 나오면 길벗출판사 홈페이지의 [고객센터] → [1:1 문의] 게시판에 질문을 등록해 보세요. 저자와 길벗 독자지원센터에서 친절하게 답변해 드립니다.

문의 방법 ·····································

길벗출판사 홈페이지(www.gilbut.co.kr)에 회원 가입 후 로그인합니다.

[고객센터] → [1:1 문의] → [도서 이용]에서 책 제목을 검색합니다.

이미 등록된 질문을 검색하거나 새로운 질문을 등록합니다.

디자인에 자신 없는데 SNS 마케팅 콘텐츠를 만들어야 한다면 이번 파트를 참고해 보세요. 다양한 디자인 사이트를 통해 디자인 감각을 높이고, 무료 이미지 사이트에서 수준 높은 이미지를 다운로드하는 방법, 보기 좋은 배색 아이디어를 얻는 방법을 설명하고 있습니다.

초보자도 가능한
디자인 감각
키우기

디자인하는 마케터를 위한
디자인 사이트 5

디자인 초보자라면 콘텐츠 제작을 어떻게 시작해야 할지 막막할 것입니다. 하지만 당장 실무에서
SNS 콘텐츠를 디자인해야 하므로 기본 이론부터 하나하나 배우는 것은 시간상, 근무 여건상 어려
울 수 있습니다. 이럴 때는 많은 작업물을 살펴보면서 디자인 감각을 기르는 것이 좋습니다. 잘 만든
결과물을 참고해 내 디자인에 응용해 봅시다.

01 : Behance(www.behance.net)

'비핸스(Behance)'는 Adobe CC로 제작한 작품을 전시하는 무료 온라인 사이트입니다. 즉, 어도비에
서 서비스하고 있는 창작자 플랫폼으로, 퀄리티가 높은 작업물이 많이 올라옵니다. 특히 전 세계의
창작자가 작업물을 업로드하기 때문에 다양한 디자인 트렌드를 한눈에 접할 수 있습니다. 그리고
원하는 키워드를 검색해 다양한 디자인 작업물을 직접 찾아볼 수 있습니다.

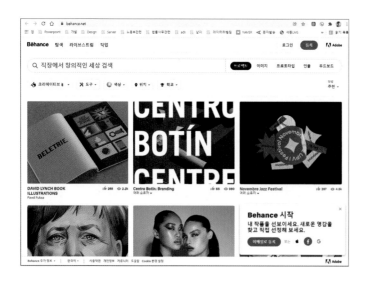

02: 핀터레스트(Pinterest.co.kr)

'핀터레스트(Pinterest)'는 사용자가 스크랩한 이미지를 포스팅하고 다른 사용자와 공유하는 소셜 네트워크 서비스 공간으로, 디자인에 참고할 수 있는 다양한 디자인 결과물이 꾸준히 업로드되고 있습니다. 한글과 영문으로 모두 검색 가능하므로 원하는 자료를 쉽게 찾을 수 있습니다.

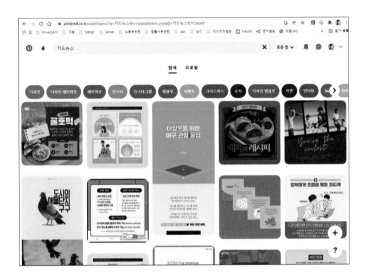

03: 지디웹(www.gdweb.co.kr)

'지디웹(GDWEB)'에서는 우리나라의 모든 웹사이트와 모바일UX를 대상으로 디자인 우수작을 선정하고 있습니다. 여성·남성·학생 등 타깃 연령별로, 또는 고급스러운·귀여운·복고적인 등 디자인 콘셉트별로 웹사이트를 조회할 수 있어서 초기 디자인 콘셉트를 계획할 때 매우 유용합니다. 또한 웹에이전시 순위를 확인하고 해당 에이전시의 작업물을 볼 수도 있습니다.

04: 노트폴리오(notefolio.net)

'노트폴리오(notefolio)'는 'note(주목하다)' + 'portfolio(포트폴리오)'의 합성어로, 아티스트와 디자이너들이 여기저기 흩어져 있는 작업물을 한곳에 모아 자신의 작업을 공개하고 이야기하는 공간입니다. 그래픽 디자인, 영상/모션 그래픽, UI/UX, 일러스트레이션 등 다양한 카테고리별로 아티스트의 작품을 볼 수 있습니다.

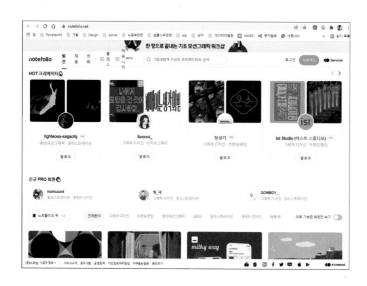

05: 디비컷(www.dbcut.com)

'디비컷(DBCUT)'은 신규 오픈한 국내외 웹사이트를 소개하고 평가하는 웹디자이너 커뮤니티입니다. 앞에서 소개한 '지디웹(GDWEB)'과 더불어 디자이너들이 디자인을 참고할 때 많이 사용하는 사이트로, 완성도가 떨어지면 사이트에 등록되지 않습니다. 따라서 디비컷에 등록되어 있는 사이트는 완성도가 높다고 생각해도 됩니다.

홍보 담당자에게 유용한
무료 이미지 사이트

카드뉴스나 SNS 콘텐츠를 만들기 위해서는 다양한 이미지가 필요합니다. 구글이나 국내 포털에서 검색되는 이미지는 대부분 저작권으로부터 자유롭지 못합니다. 퀄리티 높은 이미지를 구하기 위해 유료 사이트를 이용하는 것도 하나의 방법이지만, 이 경우에는 가격이 부담스럽습니다. 이번에는 높은 퀄리티를 보장하면서도 저작권 침해의 우려 없이 사용할 수 있는 무료 이미지 사이트를 소개합니다.

01 : 언스플래시(unsplash.com)

'언스플래시(Unsplash)'는 고해상도 사진을 무료로 제공하는 사이트로, 전 세계 265,000명 이상의 작가들이 활동하고 있습니다. 사진의 퀄리티가 매우 우수하며 '픽사베이(pixabay)'와 함께 필자가 자주 사용하는 사이트입니다. 다만, 이미지를 한글이 아닌 영문으로 검색해야 합니다.

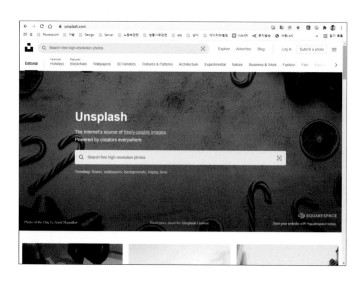

02: 픽사베이(pixabay.com)

'픽사베이(pixabay)'는 저작권이 없는 이미지와 동영상을 무료로 다운로드할 수 있는 사이트로, 무료 이미지 사이트를 검색할 때 가장 먼저 접하는 사이트일 것입니다. 사진뿐만 아니라 일러스트, 비디오, 음악, 사운드 효과까지 다양한 콘텐츠를 무료로 다운로드할 수 있는데, '언스플래시(Unsplash)'와 마찬가지로 영문으로 검색해야 합니다.

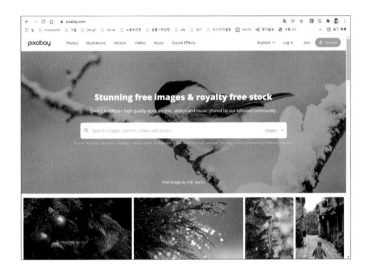

03: 더나운프로젝트(thenounproject.com)

파워포인트에서도 [아이콘 삽입]이라는 메뉴를 통해 픽토그램을 삽입할 수 있지만 개수가 턱없이 부족합니다. '더나운프로젝트(thenounproject)'에서는 전 세계 그래픽 디자이너들이 다양한 형태의 픽토그램 자료를 선보이고 있습니다. 픽토그램을 다운로드하기 위해서는 해당 사이트에 회원 가입하거나 페이스북 계정을 이용해야 합니다. 다운로드 파일의 형식은 SVG(Scalable Vector Graphics) 및 PNG(Portable Network Graphics)이지만, 색상을 다양하게 변경하기 위해서는 SVG 파일로 다운로드하는 방법을 추천합니다.

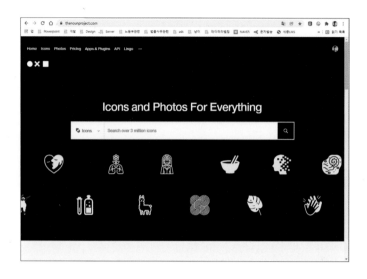

04 : 일러스트레이션즈(illlustrations.co)

'일러스트레이션즈(illlustrations)'는 120개 이상의 일러스트레이션을 AI, PNG, SVG, EPS 파일로
다운로드할 수 있는 무료 사이트로, 회원 가입을 하지 않아도 됩니다. 일러스트레이션을 하나씩 다
운로드해도 되고 [Download all]을 클릭해 한 번에 모두 다운로드할 수도 있습니다.

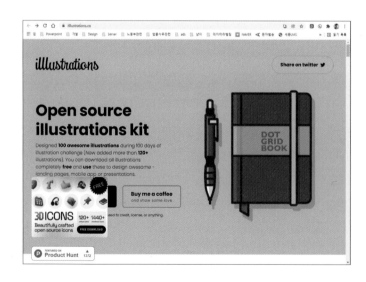

컬러만 잘 써도 디자인 고민 끝!

01 : 꼭 알아야 할 색의 기초 지식

전문적인 디자이너가 아니라면 대부분의 사람은 색 조합을 어려워합니다. 다만, 우리가 초·중학교 미술시간에 배웠던 것을 떠올려보면 색 조합에 대해 어렴풋이 기억나는 내용이 있을 것입니다. 그 중에서 가장 기초적인 내용은 다음과 같습니다.

- **유사 색상**: 색상환표에서 서로 근접한 거리에 있는 색상 간의 관계 **예** 5R을 기준으로 5RP, 5YR은 유사 색상
- **대조 색상**: 색상환표에서 서로 먼 거리에 있는 색상 간의 관계 **예** 5R을 기준으로 5G, 5B는 대조 색상
- **보색 색상**: 색상환표에서 180도 반대쪽의 색상 간의 관계 **예** 5R을 기준으로 5BG는 보색 색상

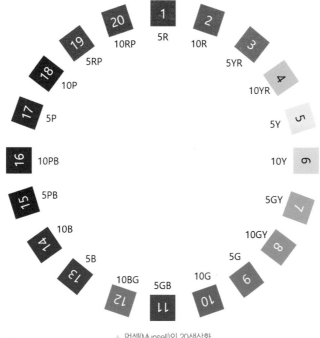

▲ 먼셀(Munsell)의 20색상환

일반적으로 파워포인트로 디자인 작업을 하기 전에 색채 계획을 세웁니다. 이 경우 일관성 있게 디자인하려면 보통 세 가지 이내의 색상을 사용하는 것으로 알려져 있는데, 이때 주 색상의 유사색을 사용해야 합니다.

파워포인트에서는 친절하게 색상환표와 유사한 색상자를 지원하고 있습니다. 아래의 색상자에서 보이는 것처럼 하나의 색 주변에는 유사색이 있으며, 반대쪽에는 대조색 또는 보색이 위치하고 있습니다.

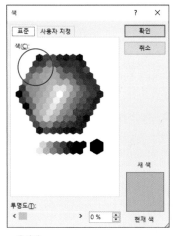

▲ 유사색

▲ 대조색

조화가 잘 이루어지도록 배색하려면 유사색을, 포인트 색상을 눈에 띄게 하려면 대조색 또는 보색을 활용하는 것이 좋습니다.

▲ 유사색을 활용한 디자인

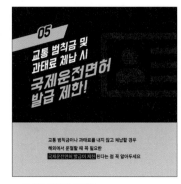

▲ 보색을 활용한 디자인

02 : 색 선택이 어렵다면?

방법1 테마 색 활용하기

파워포인트는 색과 관련된 두 가지 시스템을 제공합니다. 모든 색을 자유롭게 사용할 수 있는 '표준 색' 시스템과, 서로 어울리는 색이 미리 만들어져 있는 '테마 색' 시스템입니다. 표준 색은 색상 팔레 트에서 색을 매우 자유롭게 선택할 수 있고 경우의 수가 많으므로 색채 계획을 미리 세운 후에 디자인해야 합니다. 반면 테마 색은 이미 특정 기준에 따라 색이 모두 정해져 있기 때문에 색에 대한 지식이 없어도 디자인을 보기 좋게 만들 수 있습니다.

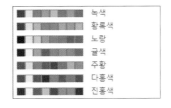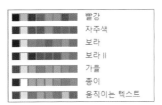

▲ 파워포인트에서 제공하는 테마 색

테마 색은 리본 메뉴 중 [디자인] 탭에서 설정할 수 있습니다. [디자인] 탭 – [적용] 그룹 – [자세히 (▽)]를 클릭하고 [색]을 선택하세요. 풀다운 메뉴의 다양한 테마 색 중에서 작업의 분위기와 가장 가까운 테마 색을 선택하면 됩니다.

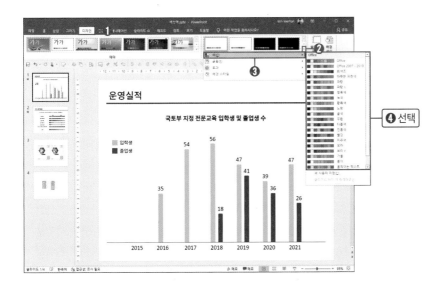

파워포인트로 작업할 때 가장 많이 볼 수 있는 창은 [도형 서식] 창입니다. 도형을 만든 후 색을 채워 넣을 때 [도형 서식] 창을 사용하는데, 도형에서 마우스 오른쪽 단추를 클릭하고 바로 가기 메뉴에서 [도형 서식]을 선택하면 화면의 오른쪽에 [도형 서식] 창이 열립니다. 여기에서 [도형 옵션]−[채우기 및 선]의 [채우기] 범주에서 [색]을 클릭하면 여러 가지 색이 들어있는 풀다운 메뉴가 나타납니다. 이 메뉴를 살펴보면 '표준 색'과 '테마 색'이 들어 있습니다. 참고로 다음 그림의 테마 색은 가장 기본 적인 테마인 [Office] 테마입니다.

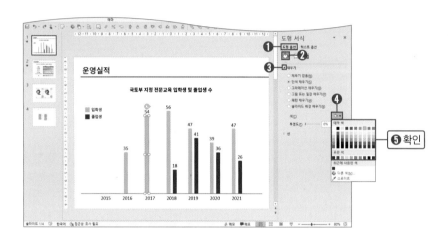

풀다운 메뉴에서 [테마 색] 팔레트는 선택한 테마의 종류에 따라 유동적으로 바뀝니다. 예를 들어 [따뜻한 파란색] 테마 색을 선택하면 아래의 그림처럼 색상 팔레트가 해당 테마와 관련된 색으로 바 뀝니다.

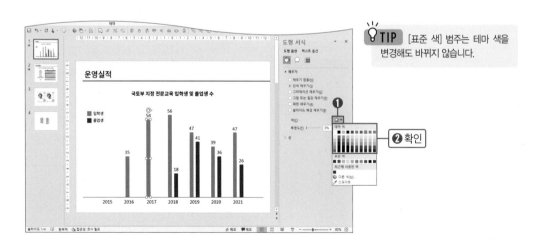

💡 **TIP** [표준 색] 범주는 테마 색을 변경해도 바뀌지 않습니다.

아래의 그림은 하나의 슬라이드에 각각 다른 테마를 적용해 본 예제입니다. 같은 레이아웃이지만 테마 색에 따라 분위기가 완전히 달라지는 것을 알 수 있습니다.

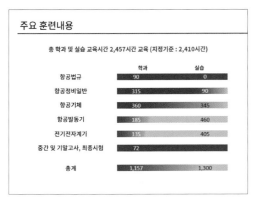
▲ [Office] 테마

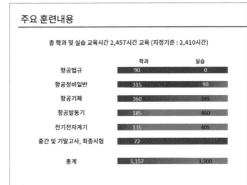
▲ [녹색] 테마

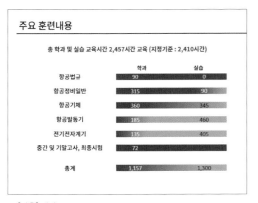
▲ [가을] 테마

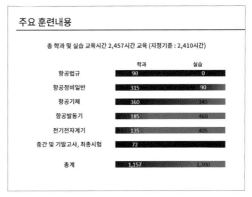
▲ [기류] 테마

방법2 퀄리티를 높이는 색 조합 사용하기

다음에서 제시하는 색 조합은 특정 분위기를 표현하는 데 매우 용이합니다. 그리고 색상과 함께 제시되는 16진수 색상 코드표를 활용해 색 조합을 할 수 있습니다. 16진수 색상 코드를 사용하는 방법은 다음과 같습니다.

1 도형에서 마우스 오른쪽 단추를 클릭하고 바로 가기 메뉴에서 [채우기] – [다른 채우기 색]을 선택합니다.

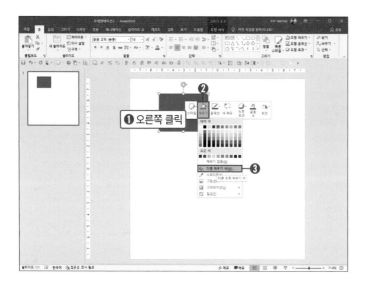

2 [색] 대화상자가 열리면 [사용자 지정] 탭에서 [육각]에 16진수 색상 코드를 입력하고 [확인]을 클릭합니다.

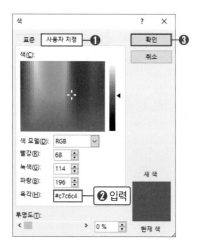

아래의 색상 코드를 참고해서 색을 조합해 보세요.

분위기별 색 조합

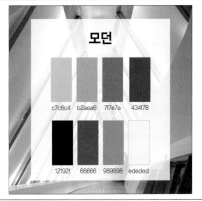

계절 느낌별 색 조합

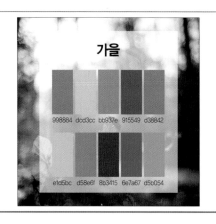

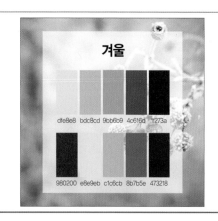

03: 고퀄 디자인을 위한 컬러 배색 사이트

디자이너가 아니라도 색상에 대한 감각을 높여 두면 좋으므로 컬러 배색을 참고할 수 있는 사이트를 소개합니다. 다음 사이트를 통해 컬러를 조합해 보거나 추출해서 사용해 보기를 적극 추천합니다.

Color Hunt(colorhunt.co)

'컬러 헌트(Color Hunt)'는 컬러 팔레트 형태로 다양한 색 조합을 보여주며, 분위기별로 색 조합을 확인할 수 있는 사이트입니다. 빈티지, 레트로, 따뜻함, 추움, 계절별, 날씨별, 기호식품별 등 여러 가지 주제별로 색 조합을 제공합니다.

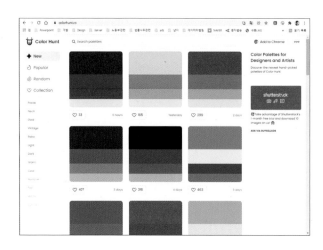

2colors(2colors.colorion.co)

'투컬러스(2colors)'는 가장 눈에 잘 띄는 두 색상의 조합을 다양하게 추천해 주는 사이트로, 심플한 색 조합을 찾을 때 적합합니다.

Color palette generator(www.canva.com/colors/color-palette-generator)

무료 디자인 사이트인 '캔바(Canva)'에서는 현재 가지고 있는 이미지에서 색 조합을 자동으로 추출하는 기능을 제공합니다. 즉, 이미지를 업로드만 하면 다섯 가지 색상을 자동으로 추출해 줍니다. 이렇게 추출한 16진수 색상 코드는 [색] 대화상자의 [사용자 지정] 탭에 삽입해서 사용하면 됩니다

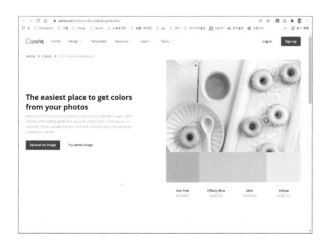

디자인 작업하기 전 파워포인트에서 설정해야 하는 내용을 알아봅니다. 디자인 작업 속도를 높일 수 있는 작업 환경 설정 방법과 슬라이드 레이아웃 배치 방법, 그리고 가독성을 높이는 행간 조절 방법을 알아보고 다양한 무료 글꼴을 설치해 보겠습니다.

SNS
디자인을 위한
실무 노하우

전문가가 추천하는 작업 환경 만들기

01 : 빠른 실행 도구 모음 활용하기

빠른 실행 도구 모음을 활용하면 도형의 정렬 및 배치, 병합과 같은 작업을 쉽고 빠르게 할 수 있습니다. 빠른 실행 도구 모음을 직접 설정하고 작업해 보세요. 이 책에서는 파워포인트의 리본 메뉴를 기준으로 설명하겠습니다.

1 빠른 실행 도구 모음의 오른쪽에 있는 [빠른 실행 도구 모음 사용자 지정] 단추(■)를 클릭하고 [리본 메뉴 아래에 표시]를 선택한 후 [파일] 탭 – [옵션]을 선택합니다.

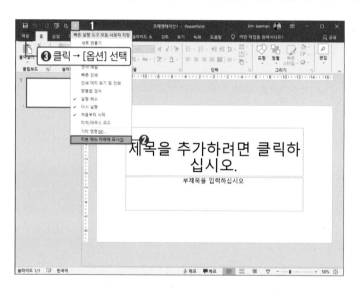

2 [PowerPoint 옵션] 창이 열리면 [빠른 실행 도구 모음] 범주를 선택하고 [사용자 지정]의 [가져오기/내보내기]를 클릭한 후 [사용자 지정 파일 가져오기]를 선택합니다.

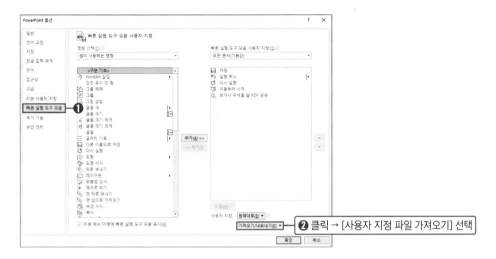

3 [파일 열기] 대화상자가 열리면 부록에서 제공하는 'PowerPoint Customizations.exportedUI' 파일을 선택하고 [열기]를 클릭합니다.

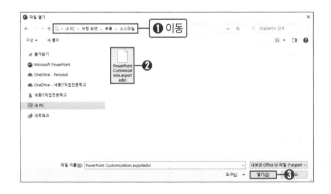

💡 TIP 'PowerPoint Customizations.
exportedUI'는 필자의 빠른 실행 도구 모음
환경을 내보내기한 파일입니다.

4 기존의 리본 메뉴와 빠른 실행 도구 모음을 변경하겠는지 묻는 메시지 창이 열리면 [예]를 클릭합니다. [PowerPoint 옵션] 창으로 되돌아오면 [확인]을 클릭하세요.

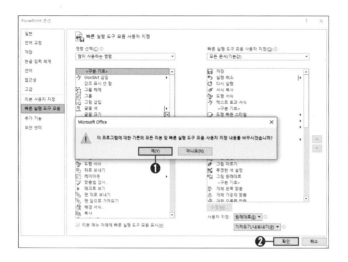

5 빠른 실행 도구 모음이 리본 메뉴의 아래쪽에 표시되었는지 확인합니다. 빠른 실행 도구 모음을 리본 메뉴의 아래쪽에 놓으면 마우스 이동이 최소화되어 작업 시간이 크게 단축됩니다.

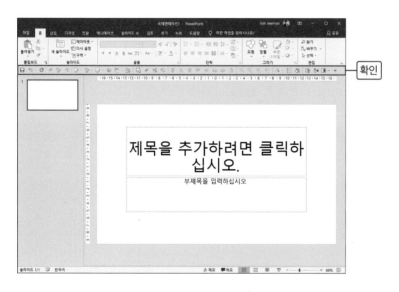

02: 자주 사용하는 특수 문자에 단축키 설정하기

파워포인트나 엑셀과 같은 오피스 프로그램에서 문서를 작성할 경우 가운뎃점(·)이나 당구장 기호(※)와 같은 특수 문자를 자주 사용합니다. 특수 문자를 입력할 때마다 리본 메뉴에서 아이콘을 클릭해 삽입하려면 작업 시간이 길어집니다. 따라서 자주 사용하는 특수 문자는 미리 단축키 형태로 설정해서 편리하게 사용해 봅시다.

1 [파일] 탭-[옵션]을 선택하여 [PowerPoint 옵션] 창을 열고 [언어 교정] 범주를 선택한 후 [자동 고침 옵션] 범주의 [자동 고침 옵션]을 클릭합니다.

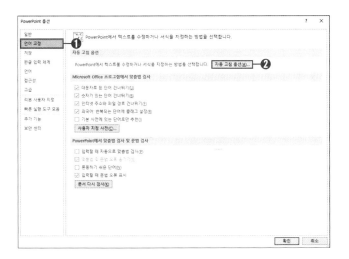

2 [자동 고침] 대화상자가 열리면 [자동 고침] 탭에서 [다음 목록에 있는 내용대로 자동으로 바꾸기]에 체크합니다. 여기에서는 가운뎃점을 삽입하기 위해서 [입력]에는 '(＊)'을 입력하고 [결과]에는 가운뎃점(·)을 입력하기 위해 위해 'ㄱ'을 입력한 후 키보드의 <kbd>한자</kbd> 키를 누릅니다. 기호 목록이 나타나면 <kbd>PgDn</kbd> 키를 한 번 눌러 다음 기호 목록을 나타내고 [·]을 선택한 후 [추가]를 클릭하세요.

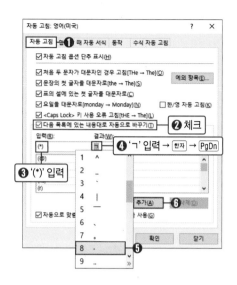

3 이번에는 [입력]에는 '(**)'을, [결과]에는 'ㅁ'을 입력한 후 한자 키를 누릅니다. 기호 목록이 나타나면 [※]를 선택하고 [추가]와 [확인]을 차례대로 클릭하세요. [PowerPoint 옵션] 창으로 되돌아오면 [확인]을 클릭합니다.

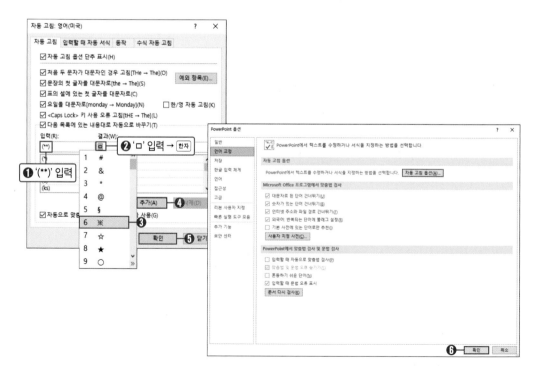

안정적인 슬라이드 레이아웃 지정하기

01: 콘텐츠 사이즈에 맞게 슬라이드의 크기 변경하기

SNS 마케팅 콘텐츠에 적합한 디자인을 작성하려면 각 매체에서 지원하는 다양한 콘텐츠의 사이즈에 맞춰 디자인해야 합니다. 오피스 2010 이하 버전에서는 미리 정의된 슬라이드의 크기만 선택할 수 있습니다. 따라서 다양한 콘텐츠의 사이즈에 맞게 픽셀(px) 단위로 슬라이드의 크기를 변경하려면 오피스 2013 버전 이상의 파워포인트가 필요합니다.

1 [디자인] 탭 – [사용자 지정] 그룹 – [슬라이드 크기]를 클릭하고 [사용자 지정 슬라이드 크기]를 선택합니다.

2 [슬라이드 크기] 대화상자가 열리면 [슬라이드 크기]에서 '사용자 지정'을 선택하고 [너비]에는 '300px'을, [높이]에는 '200px'을 입력합니다. [너비]와 [높이]의 단위가 센티미터(cm)로 자동 변환된 것을 확인하고 [확인]을 클릭하세요.

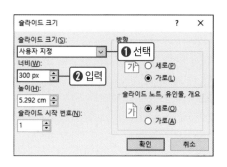
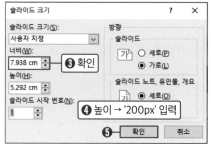

💡**TIP** 반드시 'px'까지 함께 입력하세요.

3 새 슬라이드에 맞게 크기를 조정하는 선택 창이 열리면 [최대화]를 클릭합니다.

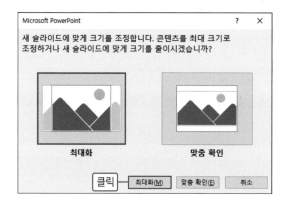

4 [홈] 탭 - [슬라이드] 그룹 - [레이아웃]을 클릭하고 [Office 테마] 범주에서 [빈 화면]을 선택합니다.

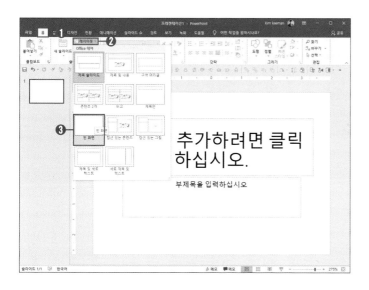

알림 앞으로의 예제는 해당 플랫폼에 맞는 슬라이드 크기로 설정한 상태라고 간주해서 설명합니다.

02: 균형감 있게 텍스트와 이미지 배치하기

우리는 어려서부터 여러 매체를 통해 안정적인 구도의 영상 및 이미지를 봐 왔습니다. 그래서 여러분은 이미 안정적인 구도와 불안한 구도를 구별할 수 있습니다. 이번에는 안정적인 구도를 구성하는 원리와 함께 안정적 디자인을 위해 자주 사용하는 배치 방법을 알아보겠습니다.

방법1   슬라이드 3등분의 법칙 이해하기

슬라이드에 이미지나 텍스트를 배치할 때 안정된 비율을 유지해야 집중력을 크게 높일 수 있는데, 이러한 비율을 '3등분의 법칙' 또는 '황금 비율'이라고 합니다. 3등분의 법칙이란, 가로와 세로를 각각 3등분해서 총 아홉 개의 영역으로 나누는 법칙을 말합니다. 그리고 가로 선과 세로 선의 교차점을 'Power Points'라고 하는데, 이곳에 이미지, 텍스트와 같은 주요 요소를 배치하는 것이 좋습니다.

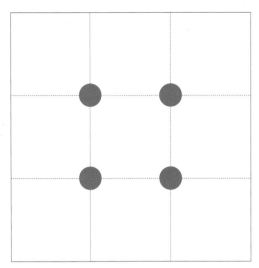

▲ 가로와 세로를 3등분한 교차점 'Power Points'의 위치

3등분의 법칙은 SNS 콘텐츠 디자인뿐만 아니라 영상, 사진, 인쇄물 등의 디자인에 다양하게 적용할 수 있습니다.

▲ 이미지에 적용한 3등분의 법칙

▲ 포스터에 적용한 3등분의 법칙

파워포인트 문서를 디자인할 때도 3등분의 법칙을 응용할 수 있습니다. 슬라이드의 좌우를 3등분한 후 Power Points에 해당하는 위치에 강조할 개체를 위치시키면 됩니다. 파워포인트의 안내선을 이용해 개체를 편리하게 배치할 수 있는데, 익숙해지면 안내선이 없어도 안정적으로 작성 가능합니다.

▲ 3등분의 법칙을 활용한 카드뉴스

▲ 3등분의 법칙을 활용한 배너 디자인 슬라이드

방법2 균형감 있게 텍스트 배치하기

슬라이드 화면을 가로로 3등분, 세로로 3등분하여 아홉 개의 영역으로 나누고, 각 위치에 대칭되는 형태로 이미지와 텍스트를 배치하면 슬라이드를 안정적으로 디자인할 수 있습니다. 다음과 같은 방식으로 이미지와 텍스트를 배치하여 균형 잡힌 레이아웃을 완성해 보세요.

❶ 이미지의 중앙에 텍스트 배치하기

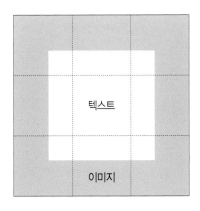

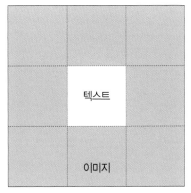

❷ 화면 분할하여 이미지와 텍스트 배치하기

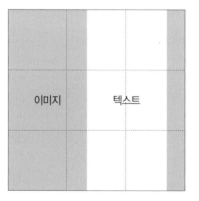

잘 어울리는 폰트 사용법 익히기

01 : 행간 조절해 가독성 높이기

줄과 줄 사이의 간격을 행간 또는 '레딩(leading, 베이스라인에서 베이스라인까지의 높이)'이라고 합니다. 이 용어는 금속활자를 제작할 때 글줄 사이를 띄우기 위해 납(lead)으로 된 긴 막대를 추가하는 것에서 유래되었습니다.

높이를 기준으로 아래에는 '베이스라인(baseline)', 위로는 '민라인(mean line)'이라는 기준선이 있고, 위아래 기준선의 바깥쪽에 돌출된 부분을 '익스텐더(extender)'라고 합니다. 그래픽 프로그램의 초기 설정 값은 대부분 글자 크기가 10pt일 때 행간은 12pt로 지정되어 있습니다.

💡 **TIP** '익스텐더'는 민라인의 위쪽 돌출 부분인 '디센더(descender)'와 베이스라인의 아래쪽 돌출 부분인 '어센더(ascender)'로 나뉩니다.

행간을 지정할 때 정해진 공식은 없지만 글꼴 크기의 120% 정도로 설정하면 가독성이 좋아집니다. 즉, 글꼴이 10pt이면 행간은 12pt 정도가 적합합니다. 다만, 슬라이드의 크기, 여백의 정도, 전반적인 구성 등에 따라 행간은 달라질 수 있습니다.

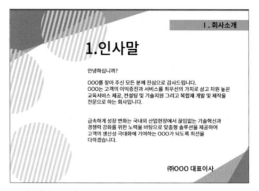

▲ 기본 행간

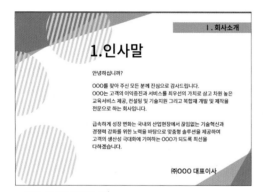

▲ 행간 120%를 적용한 경우

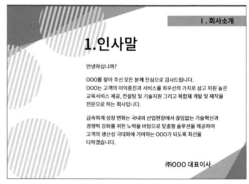

▲ 행간 130%를 적용한 경우

이번에는 파워포인트에서 행간을 조절하는 방법을 알아보겠습니다.

1 슬라이드에서 행간을 조절하려는 글자가 포함된 텍스트 상자를 선택한 후 [홈] 탭 – [단락] 그룹 – [줄 간격]을 클릭하고 [줄 간격 옵션]을 선택합니다.

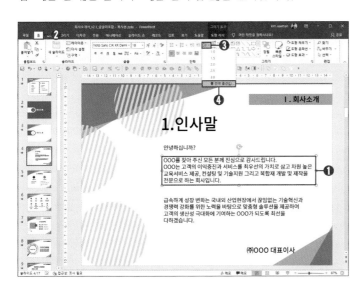

2 [단락] 대화상자가 열리면 [들여쓰기 및 간격] 탭의 [간격] 범주에서 [줄 간격]은 '배수'로, [값]은 '1.2' 또는 '1.3'으로 설정한 후 [확인]을 클릭합니다.

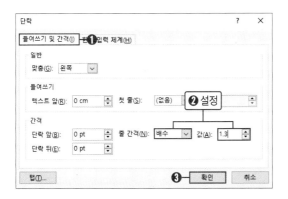

02: 글꼴 선택하기 ─────────

글꼴은 디자인에서 아주 큰 부분을 차지합니다. 따라서 어떤 글꼴을 사용하느냐에 따라 디자인의 분위기가 결정됩니다. 글꼴을 선택하기 전에 글꼴에는 어떤 종류가 있는지 알아보겠습니다.

선택 1 **'세리프'의 유무**

세리프체

'세리프(serif)'의 사전적 의미는 '가는 장식 선'이라는 뜻입니다. 아래의 그림을 보면 글자에 장식을 한 것과 같이 빨간색 부분이 나와 있는 것을 확인할 수 있습니다. 이처럼 글꼴에 장식을 한 글꼴을 '세리프체'라고 하는데, 한글 글꼴 중 대표적인 세리프체는 명조체입니다.

세리프체는 주로 '보수적인', '전통적인', '우아한', '경험이 많은' 느낌을 전달하기 때문에 감정적인 디자인을 할 때나 인쇄물을 제작할 때 사용하면 좋습니다.

산세리프체

'sans'는 프랑스어로 '없다'는 뜻입니다. 따라서 '산세리프(sans-serif)'는 '세리프(serif)가 없다'는 뜻으로, 다음의 그림처럼 장식이 없는 글꼴을 '산세리프체'라고 합니다. 한글 글꼴 중 대표적인 산세리프체는 고딕체입니다.

산세리프체는 '미니멀한', '모던한', '도시적인', '간결한', '젊은' 느낌을 전달합니다. 또한 세리프체보다 가독성이 좋기 때문에 슬라이드 내용을 작성하거나 광고 타이틀을 디자인하는 경우처럼 메시지를 효과적으로 전달할 때 많이 사용합니다.

파워포인트

선택2 글꼴 저장 형식

TTF(True Type Font)

TTF는 1980년대에 마이크로소프트(Microsoft)와 애플(Apple)이 어도비(Adobe)에 대항하기 위해 만든 글꼴 저장 형식입니다. 이 형식은 거의 모든 응용 소프트웨어에서 사용 가능하며, 'OTF(Open Type Font)'보다 표현 속도가 빠른 편입니다.

파워포인트에서 '글꼴 포함 저장'할 때 TTF 글꼴은 저장이 쉽습니다. 다만, 글꼴 속성에서 [글꼴 포함 가능성]이 '제한됨'이면 글꼴을 포함하여 저장하지 않으니 유의하기 바랍니다.

▲ 글꼴 포함 저장 가능

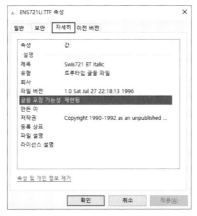

▲ 글꼴 포함 저장 안 됨

OTF(Open Type Font)

OTF는 1996년 마이크로소프트(Microsoft)와 어도비(Adobe)가 합작하여 개발한 글꼴 저장 형식으로, 국제표준화기구인 ISO의 표준화 승인을 받았습니다. TTF(True Type Font)보다 표현 속도가 느리지만 보다 섬세한 작업이 가능합니다.

파워포인트에서 OTF 글꼴을 포함하여 저장하려면 [파일] 탭 – [옵션]을 선택하여 [PowerPoint] 옵션 창을 열고 [저장] 범주에서 [파일의 글꼴 저장]에 체크한 후 [모든 문자 포함]을 선택해야 합니다.

선택3 무료 폰트와 유료 폰트

무료 폰트

윈도우를 설치하면 기본 폰트가 설치되지만, 한글 폰트는 매우 제한적입니다. 최근에는 기업체, 지자체, 폰트 개발 회사 등에서 다양한 무료 폰트를 제작하여 배포하고 있습니다.

파워포인트에 사용하기 좋은 무료 폰트에는 윈도우 기본 폰트인 '맑은고딕', '돋움체', '바탕체', '굴림체'와 네이버에서 제공하는 '나눔폰트(나눔명조, 나눔고딕 등)', 배달의민족에서 제공하는 '배달의민족체(주아체, 도현체, 한나는 열한살체 등)'가 있습니다. 또한 한국저작권위원회에서는 저작권이 해결된 글꼴을 별도로 공유하고 있는데, 이것에 대해서는 48쪽에서 자세히 알아보겠습니다.

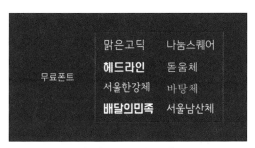 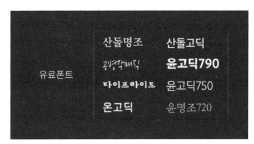

▲ 대표적인 무료 폰트(왼쪽)와 유료 폰트(오른쪽)

TIP 이 책에서는 독자분들이 비용을 지불하지 않도록 무료 폰트를 사용해서 설명하겠습니다.

유료 폰트

최근 한글 무료 폰트가 늘어나고 있지만, 좀 더 양질의 콘텐츠를 만들고 싶다면 유료 폰트를 구매하는 것도 좋은 방법입니다. 국내 유료 폰트 개발 회사 중 '윤고딕' 폰트로 유명한 '㈜윤디자인그룹'과 '산돌구름' 폰트로 유명한 '주식회사 산돌'이 가장 대표적인 곳입니다. 각 회사별로 월간 플랜이나 연간 플랜으로 폰트를 구입하여 사용할 수 있습니다.

! 잠깐만요 ┃ **무료 폰트와 유료 폰트의 비교**

무료 폰트
- **제목**: 배달의민족 주아
- **소제목**: tvN 즐거운이야기

유료 폰트
- **제목**: 산돌 격동고딕
- **소제목**: 산돌 공병각매직

03: 무료 폰트 다운로드 사이트

무료 폰트 사이트는 많지만, 자주 사용하는 무료 폰트 사이트를 골라 소개합니다. 이 책의 예제에서는 아래 사이트에서 무료 폰트를 다운로드해서 사용했습니다.

한국저작권위원회 공유마당

한국저작권위원회 공유마당(gongu.copyright.or.kr)에서는 CCL 저작물, 공공저작물, 만료저작물, 기증저작물을 제공하고 있는데, 그중에서 저작권이 해결된 무료 글꼴 166종을 제공합니다.

1 사이트에 접속한 후 오른쪽 위에 있는 [안심 글꼴파일 서비스]를 클릭합니다.

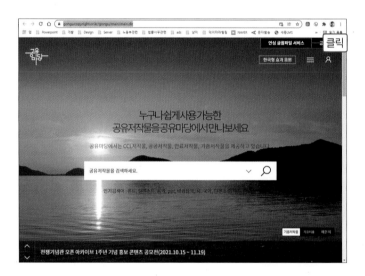

2 해당 페이지가 열리면 [안심글꼴 한번에 내려받기]를 클릭합니다.

3 다운로드한 파일의 압축을 해제하고 '안심글꼴_폰트폴더에파일붙여넣기' 폴더로 이동해 모든 글꼴을 선택(Ctrl+A)한 후 바로 가기 메뉴에서 [복사]를 선택합니다.

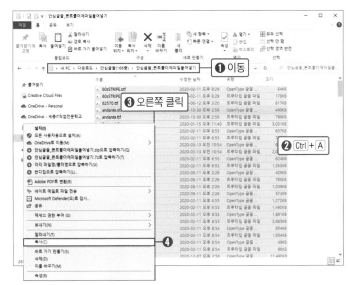

💡**TIP** 바로 가기 메뉴에서 [설치]를 선택해도 됩니다.

4 'C:\Windows\Fonts' 폴더로 이동한 후 붙여넣기(Ctrl+V)합니다.

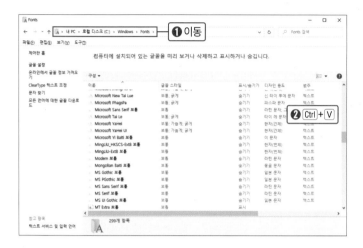

'tvN 즐거운이야기체' 다운로드 사이트

TvN 사이트에서는 방송에서 자주 사용하는 'tvN 즐거운이야기체'를 무료로 배포합니다. 이 폰트는 손글씨 느낌으로, SNS 디자인에서 소제목으로 널리 활용되고 있습니다.

해당 사이트(tvn10festival.tving.com/playground/tvn10font)에 접속한 후 [tvN 즐거운이야기체 윈도우용/TTF 다운로드]를 클릭해 다운로드한 후 49쪽의 **3**~**4** 과정과 같은 방법으로 'C:\ Windows\Fonts' 폴더에 복사해서 사용합니다.

구글 'Noto Sans KR' 다운로드 사이트

'Noto Sans KR'은 구글에서 제작한 폰트로, 산세리프(sans-serif)체 글꼴입니다. 이 폰트는 가독성이 좋아 홈페이지 디자인, 시각 디자인, 인쇄물 등 다양한 영역에서 활용되며, SNS 디자인에서는 주로 신뢰감을 주는 게시물에 사용됩니다.

'fonts.google.com/noto/specimen/Noto+Sans+KR'에 접속하면 폰트를 다운로드할 수 있지만 구글에서 '노토산스'로 검색하는 것이 더욱 편리합니다. 폰트를 다운로드한 후 49쪽의 3 ~ 4 과정과 같은 방법으로 'C:\Windows\Fonts' 폴더에 복사해서 사용하세요.

네이버 글꼴 다운로드 사이트

네이버 글꼴 다운로드 사이트(hangeul.naver.com/font)에서는 국내 검색 포털 사이트인 네이버에서 제작한 글꼴을 다운로드할 수 있습니다. 주로 '나눔글꼴'을 사용하고 세리프(serif)체와 산세리프(sans-serif)체가 모두 포함되어 있습니다. 이 사이트에서는 인쇄할 때 잉크나 토너가 절약되는 '에코' 버전 글꼴을 제공하는 것이 특징입니다.

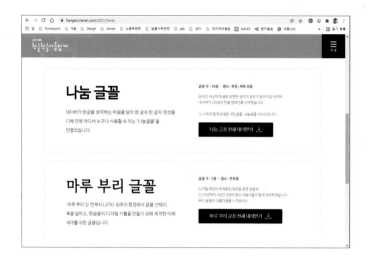

더페이스샵 '잉크립퀴드체'

화장품업체 '더페이스샵'에서 제작한 '잉크립퀴드체'는 2017년에 배포된 폰트로, 현재 공식 홈페이지에서는 다운로드할 수 없습니다. 하지만 구글에서 '더페이스샵 잉크립퀴드체'로 검색한 후 다운로드하거나 웹 브라우저의 주소 표시줄에 'noonnu.cc/font_page/68'을 입력해 접속해도 됩니다.

잉크립퀴드체는 프로그램을 실행해야 글꼴이 설치됩니다. 따라서 설치 프로그램을 다운로드하고 압축을 해제한 후 'InkLipquidFonts.exe' 파일을 실행하세요.

디자인에 유용한 투명 배경 만들기

01 : 배경 제거 기능 이용하기

깔끔하게 디자인하려면 이미지의 배경을 투명하게 만드는 것이 중요합니다. 이러한 배경 제거 작업을 일명 '누끼를 딴다'고 합니다. 여기에서 누끼(抜き)는 '뺌', '빼다'라는 의미의 일본어로, 일본어여서 소개하기가 조심스럽지만 현장에서 자주 사용하는 용어이기 때문에 함께 기재했습니다. 이 책에서는 '누끼'라는 일본어 대신 '투명 배경 만들기'라는 용어를 사용했습니다.

방법1 '투명한 색 설정' 이용하기

투명하게 만들 배경색이 일정하다면 '투명한 색 설정' 기능을 활용하는 것이 좋습니다.

1 슬라이드에서 그림을 선택하고 [그림 도구]의 [그림 서식] 탭 – [조정] 그룹 – [색]을 클릭한 후 [투명한 색 설정]을 선택합니다. 마우스 포인터가 🖌 모양으로 바뀌면 그림의 흰색 배경 부분을 클릭하세요.

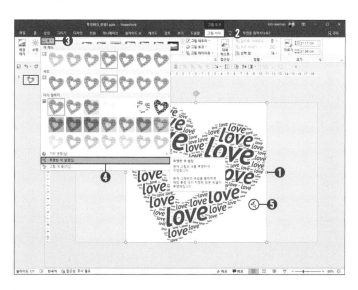

2 그림의 흰색 배경이 투명하게 바뀐 것을 확인할 수 있습니다. 적절한 위치에 원하는 텍스트를 입력해 디자인에 활용해 보세요.

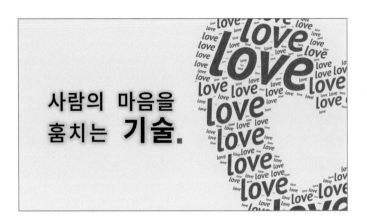

방법2 '배경 제거' 이용하기

투명하게 만들 배경색이 일정하지 않다면 '배경 제거' 기능을 활용하는 것이 좋습니다.

1 슬라이드에서 그림을 선택하고 [그림 도구]의 [그림 서식] 탭 – [조정] 그룹 – [배경 제거]를 클릭합니다.

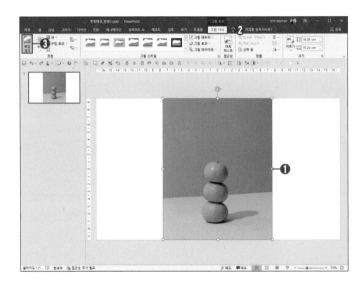

2 [배경 제거] 탭 – [미세 조정] 그룹 – [제거할 영역 표시]를 클릭하고 제거할 영역을 드래그합니다.

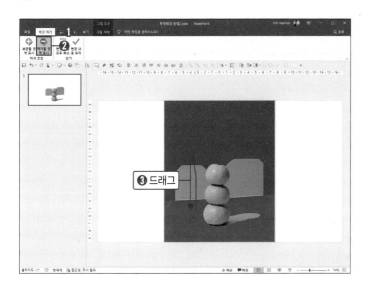

3 보관할 영역과 제거할 영역을 적당히 조절해 배경을 제거하고 [배경 제거] 탭 – [닫기] 그룹 – [변경 내용 유지]를 클릭합니다.

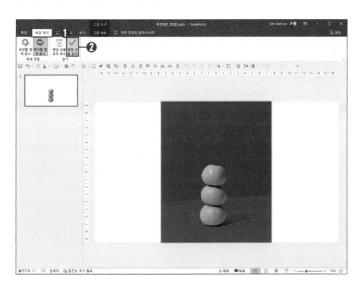

4 배경이 제거된 그림을 디자인에 활용해 보세요.

02: 이미지 변환 사이트 이용하기 ─────────────

파워포인트는 포토샵과 같은 이미지 편집 프로그램이 아니기 때문에 완벽하게 이미지를 편집하기 어렵습니다. 53쪽의 '01 : 배경 제거 기능 이용하기'에서 소개한 기능으로도 배경을 투명하게 할 수 있지만, 이미지와 배경 사이가 깨끗하게 처리되지 않기도 합니다.

다음과 같은 인물 사진은 파워포인트에서 배경 제거가 어렵습니다. 인물이 배경색과 확실히 구분되지 않고 머리카락처럼 가는 부분을 미세하게 조정하기 어렵기 때문이죠. 이미지 변환 사이트인 'removebg(www.remove.bg/ko)'를 이용하면 포토샵을 이용하지 않고도 배경을 깔끔하게 제거할 수 있습니다.

1️⃣ 사용법은 매우 간단합니다. 'removebg' 사이트에 접속하고 배경을 제거할 이미지를 드래그해 업로드하면 됩니다.

2️⃣ 유료 회원으로 가입하면 고품질의 이미지를, 무료 회원은 저품질의 이미지를 다운로드할 수 있습니다. 그러나 SNS 콘텐츠를 제작하려는 용도라면 저품질로 다운로드해도 괜찮습니다.

▲ 활용 예

SNS 콘텐츠 중에서 가장 많이 사용하는 카드뉴스를 디자인해 보겠습니다. 또한 유튜브 및 블로그 썸네일을 디자인해 보면서 파워포인트로도 다양한 디자인이 가능하다는 것을 경험해 봅니다.

Part

02

시선을
사로잡는
SNS 디자인

'카드뉴스'란?

여러 장의 이미지로 제작한 뉴스 포맷으로, 이미지를 순서대로 읽는 스토리 형식의 뉴스
입니다. 모바일에서 가독성을 높이기 위해 텍스트보다 그림의 비중을 늘린 것이 특징으
로, 전달하려는 내용을 간략한 문장과 그림으로 구성합니다. 그리고 카드뉴스는 뉴스라고
는 하지만, 생활 정보나 사설 등을 SNS에 활용하는 용도로 더 많이 사용하고 있습니다.

✓ Check Point

- SNS별 적절한 사이즈로 제작하기
- 가독성 좋은 폰트 사용하기
- 전달 내용에 적합한 이미지 사용하기

가독성 좋은
카드뉴스 만들기

01: 텍스트를 강조해 기본 카드뉴스 만들기

● 실습파일: 빈 슬라이드에서 시작 ● 완성파일: 01.텍스트강조(완성).pptx

텍스트 위주의 기본 카드뉴스를 만드는 방법을 배워보겠습니다. 그리고 배경 서식을 설정하는 방법과 텍스트 상자를 정렬하는 방법에 대해 알아보겠습니다.

핵심 기능

- 배경 서식 채우기
- 선 그리기
- 텍스트 상자 정렬하기

사용 폰트

- 나눔스퀘어 ExtraBold
- Noto Sans CJK KR Bold

사이즈

- 800×800px

TIP Part 02에서는 콘텐츠마다 슬라이드 크기를 변경해야 하므로 35쪽의 '01 : 콘텐츠 사이즈에 맞게 슬라이드의 크기 변경하기' 의 기능을 먼저 학습해야 합니다.

▶ Step by Step

1 [디자인] 탭 – [사용자 지정] 그룹 – [슬라이드 크기]에서 사이즈를 '800×800px'로 조절하고 슬라이드에서 마우스 오른쪽 단추를 클릭한 후 바로 가기 메뉴에서 [배경 서식]을 선택합니다.

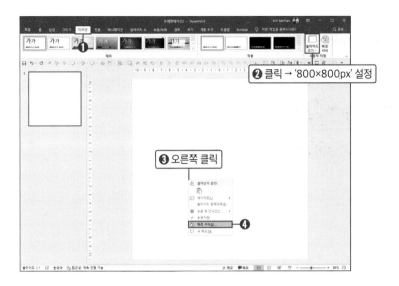

2 [배경 서식] 창의 [채우기] 범주에서 [단색 채우기]를 선택하고 [색]을 클릭한 후 [테마 색] 범주에서 '밝은 회색, 배경 2, 90% 더 어둡게'를 선택합니다.

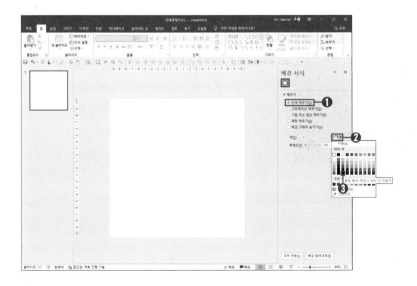

3 [홈] 탭 – [그리기] 그룹 – [선]을 클릭하고 아래의 그림과 같이 비스듬하게 드래그하여 그립니다.

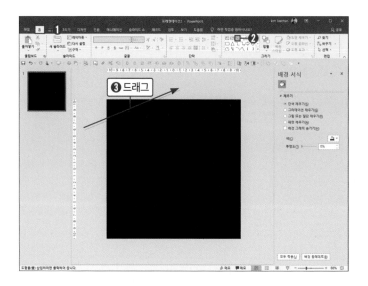

4 [그리기 도구]의 [도형 서식] 탭 – [도형 스타일] 그룹 – [도형 윤곽선]을 클릭하고 [테마 색] 범주에서 '파랑, 강조 5, 25% 더 어둡게'를 선택합니다.

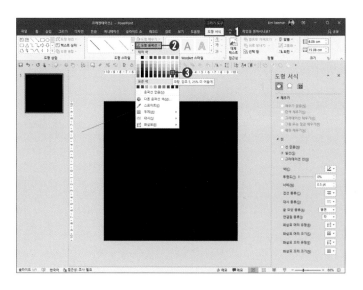

5 [그리기 도구]의 [도형 서식] 탭 – [도형 스타일] 그룹 – [도형 윤곽선]을 클릭하고 [두께]를 [6pt] 로 선택합니다.

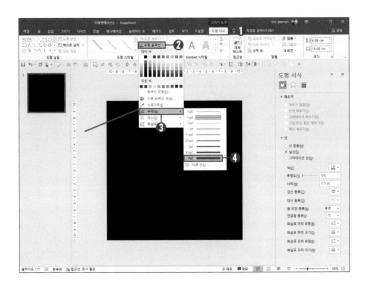

6 단축키 Ctrl+D를 눌러 선을 복제한 후 아래의 그림과 같이 드래그하여 아래쪽에도 배치합니다.

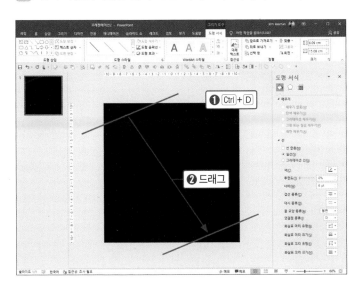

7 [홈] 탭 – [그리기] 그룹 – [텍스트 상자]를 클릭하고 텍스트 'SNS디자인'을 입력한 후 [홈] 탭 – [글꼴] 그룹에서 [글꼴]과 [글꼴 크기]를 아래의 옵션 값으로 설정합니다.

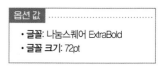

옵션 값
- 글꼴: 나눔스퀘어 ExtraBold
- 글꼴 크기: 72pt

💡 **TIP** 글꼴 키우기 단축키:
Ctrl + Shift + >

8 삽입한 텍스트 상자를 단축키 Ctrl + D를 눌러 복제한 후 텍스트 '파워포인트로 완성하는 SNS 디자인'을 입력하고 [홈] 탭 – [글꼴] 그룹에서 [글꼴]과 [글꼴 크기]를 아래의 옵션 값으로 설정합니다.

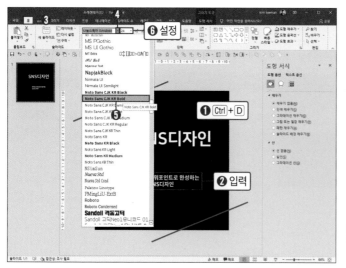

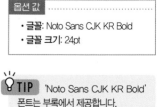

옵션 값
- 글꼴: Noto Sans CJK KR Bold
- 글꼴 크기: 24pt

💡 **TIP** 'Noto Sans CJK KR Bold' 폰트는 부록에서 제공합니다.

9 제목 텍스트 상자를 선택하고 [홈] 탭 – [그리기] 그룹 – [정렬]을 클릭한 후 [개체 위치] 범주에서 [맞춤] – [가운데 맞춤]을 선택합니다. 이와 같은 방법으로 소제목 텍스트 상자도 정렬합니다.

TIP 빠른 실행 도구 모음에서 [개체 가운데 맞춤]( ), [개체 가운데 정렬]( ) 도구를 사용하면 더욱 편리합니다.

10 [슬라이드 및 개요] 창에서 1번 슬라이드를 선택하고 마우스 오른쪽 단추를 클릭한 후 바로 가기 메뉴에서 [슬라이드 복제]를 선택합니다.

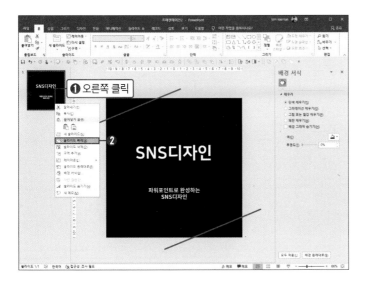

11 제목 텍스트 상자의 텍스트를 '초보도가능한 디자인감각 키우기'로 수정하고 [홈] 탭 – [단락] 그룹 – [가운데 맞춤]을 클릭합니다.

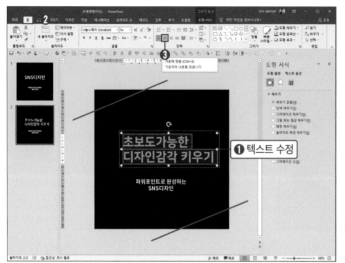

❶ 텍스트 수정

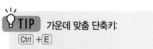

💡**TIP** 가운데 맞춤 단축키: Ctrl + E

12 소제목 텍스트 상자의 텍스트도 아래의 그림처럼 수정하고 **9**와 같은 방법으로 제목 텍스트 상자와 소제목 텍스트 상자를 정렬합니다.

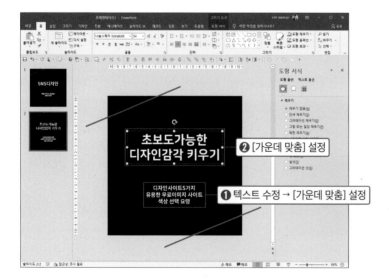

❷ [가운데 맞춤] 설정

❶ 텍스트 수정 → [가운데 맞춤] 설정

13 [파일] 탭 – [내보내기] – [파일 형식 변경]을 선택하고 [이미지 파일 형식] 범주에서 PNG 또는 JPEG 파일로 저장합니다.

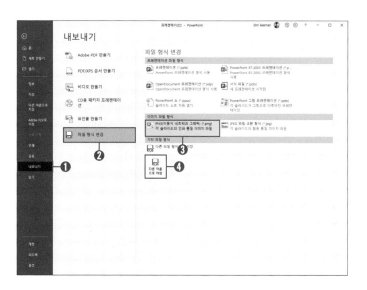

텍스트 윤곽선을 확장해 강하게 어필하기

• 실습파일: 02.윤곽선.pptx • 완성파일: 02.윤곽선(완성).pptx

텍스트의 윤곽선 두께를 조절해 카드뉴스를 디자인하는 방법을 배워보겠습니다. 그리고 도형 그룹화를 활용해 효율적으로 작업하는 방법을 알아보겠습니다.

핵심 기능

• 텍스트 윤곽선 적용하기
• 도형 정렬하기
• 도형 그룹화하기

사용 폰트

• 배달의민족 주아

사이즈

• 800×800px

1 부록에서 제공하는 '02.윤곽선.pptx' 파일을 실행하고 [홈] 탭 – [그리기] 그룹 – [텍스트 상자]를
클릭한 후 텍스트 '전자소송실무특강'을 입력합니다. 입력한 텍스트 상자를 복제(Ctrl+D)하고 원래
의 텍스트 상자에서 마우스 오른쪽 단추를 클릭한 후 바로 가기 메뉴에서 [도형 서식]을 선택합니다.

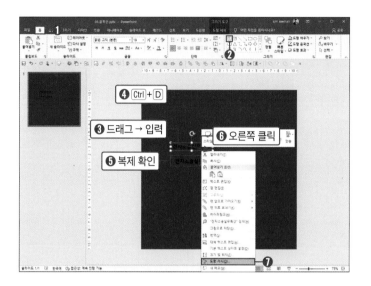

2 [도형 서식] 창이 열리면 [텍스트 옵션]의 [텍스트 윤곽선] 범주에서 [실선]을 선택하고 [너비]를
'20'으로 설정합니다.

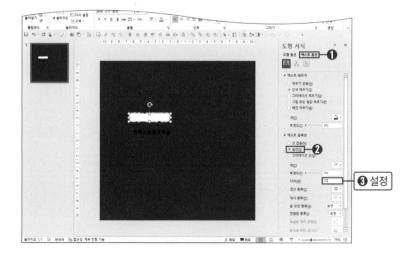

3 Shift 키를 이용해 두 개의 텍스트 상자를 모두 선택하고 [홈] 탭 – [그리기] 그룹 – [정렬]을 클릭한 후 [개체 위치] 범주에서 [맞춤] – [가운데 맞춤], [중간 맞춤]을 차례대로 선택합니다.

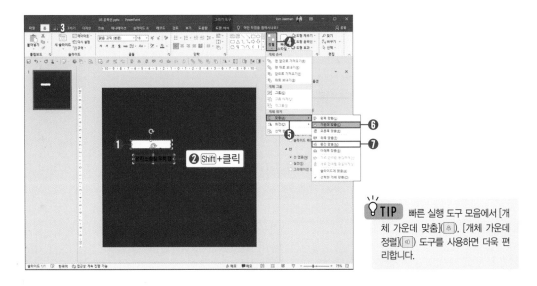

> **TIP** 빠른 실행 도구 모음에서 [개체 가운데 맞춤](⊹), [개체 가운데 정렬](▥) 도구를 사용하면 더욱 편리합니다.

4 두 개의 텍스트 상자를 선택한 상태에서 [글꼴 크기]는 '72pt'로, [글꼴]은 '배달의민족 주아'로 설정합니다.

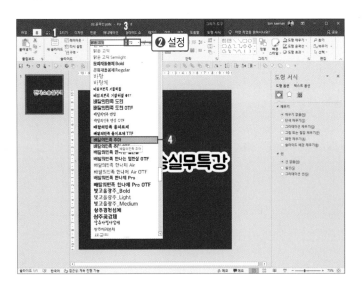

5 [그리기 도구]의 [도형 서식] 탭 – [정렬] 그룹 – [그룹화]를 클릭하고 [그룹]을 선택합니다.

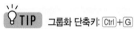

💡 **TIP** 그룹화 단축키: Ctrl + G

6 [홈] 탭 – [슬라이드] 그룹 – [레이아웃]을 클릭하고 [Office 테마] 범주에서 [배경추가]를 클릭합니다.

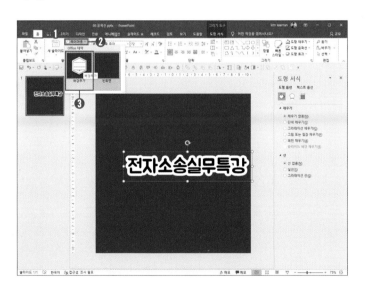

7 그룹화된 텍스트 상자를 배경과 어울리게 정렬한 후 텍스트 상자를 추가 삽입하여 완성합니다.

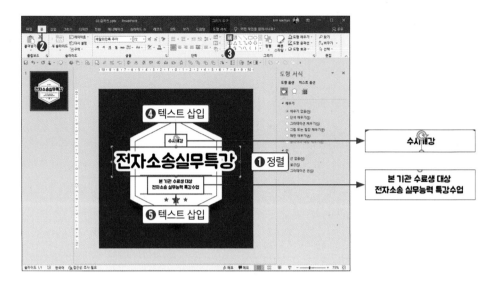

8 [파일] 탭 – [내보내기] – [파일 형식 변경]을 선택하고 [이미지 파일 형식] 범주에서 PNG 또는 JPEG 파일로 저장합니다.

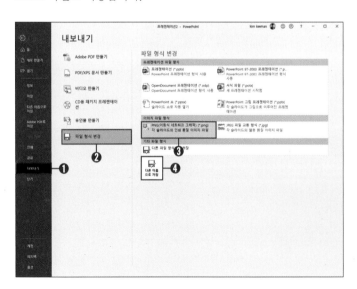

03: 텍스트 그림자를 확장해 입체 효과 연출하기

· 실습파일: 빈 슬라이드에서 시작   · 완성파일: 03.그림자확장(완성).pptx

디자인에 많이 활용하는 입체 효과 연출 방법을 배워보겠습니다. 그리고 텍스트를 그래픽 프로그램처럼 다루기 위해 [WordArt 스타일]을 이용해 텍스트의 크기를 조절해 보고 3차원 회전과 3차원 서식 기능을 활용해 보겠습니다.

핵심 기능 ·············
- 텍스트 효과 사용하기
- 자유형 도형 활용하기

사용 폰트 ·············
- 배달의민족 도현

사이즈 ·············
- 800×800px

Section
08

▶ Step by Step

1 [디자인] 탭 – [사용자 지정] 그룹 – [슬라이드 크기]에서 사이즈를 '800×800px'로 조절하고 슬라이드 마우스 오른쪽 단추를 클릭한 후 바로 가기 메뉴에서 [배경 서식]을 선택합니다.

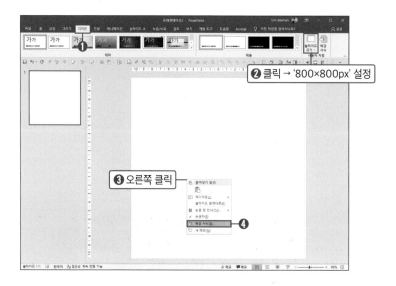

2 [배경 서식] 창의 [채우기] 범주에서 [단색 채우기]를 선택하고 [색]을 클릭한 후 [테마 색] 범주에서 '황금색, 강조 4'를 선택합니다.

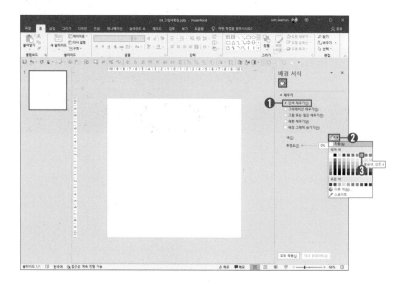

3️⃣ [홈] 탭 – [그리기] 그룹 – [텍스트 상자]를 클릭하고 텍스트 '개발자로'와 '취업하기'를 각각 입력합니다.

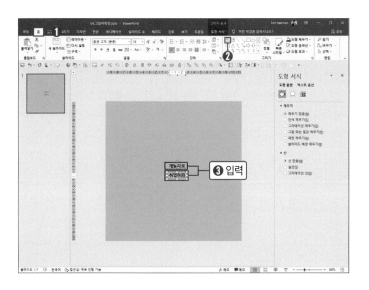

4️⃣ 두 개의 텍스트 상자를 모두 선택한 상태에서 [그리기 도구]의 [도형 서식] 탭 – [WordArt 스타일] 그룹 – [텍스트 효과]를 클릭하고 [변환] – [휘기] 범주에서 [사각형]을 선택합니다.

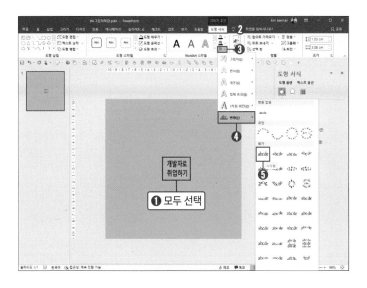

5 아래의 그림과 같이 텍스트의 크기를 조절하고 색상을 [테마 색] 범주에서 '흰색, 배경 1'로 설정합니다.

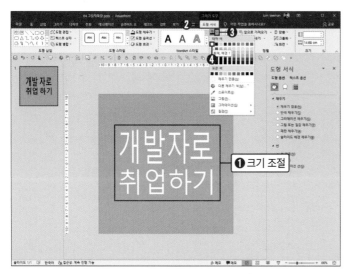

❶ 크기 조절

💡**TIP** 텍스트 효과가 적용된 텍스트 상자는 도형처럼 크기를 조절할 수 있습니다.

6 [글꼴]을 '배달의민족 도현'으로 변경합니다.

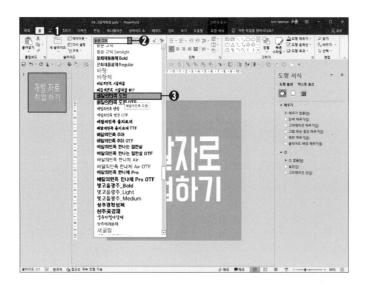

7 텍스트가 앞으로 튀어나오는 것처럼 보이는 입체 효과를 표현하기 위해 텍스트의 첫째 줄에 가이드라인을 만들어 볼게요. [그리기 도구]의 [도형 서식] 탭-[도형 스타일] 그룹-[미세 선 - 강조 1]을 클릭하고 Shift를 누른 상태에서 드래그하여 아래의 그림과 같이 가이드라인을 삽입합니다.

TIP 가이드라인은 텍스트의 왼쪽 끝부분과 오른쪽 끝부분을 기준으로 잡고 그리면 됩니다.

8 [홈] 탭-[그리기] 그룹-[자유형]을 클릭하고 Shift를 누른 상태에서 아래의 그림과 같이 자유형 도형을 삽입한 후 아랫줄에도 가이드라인을 추가합니다.

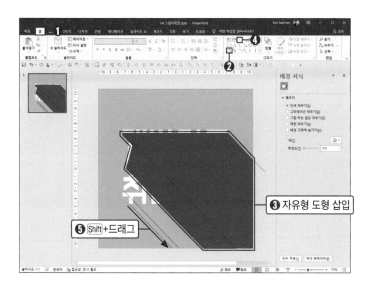

9 자유형 도형을 추가로 삽입합니다.

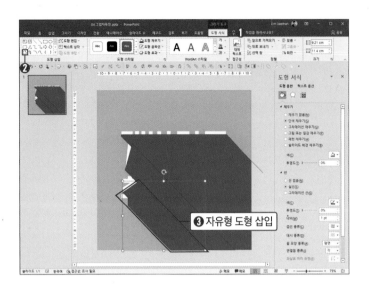

❸ 자유형 도형 삽입

10 [그리기 도구]의 [도형 서식] 탭 – [도형 스타일] 그룹 – [도형 윤곽선]을 클릭하고 [윤곽선 없음]
을 선택합니다.

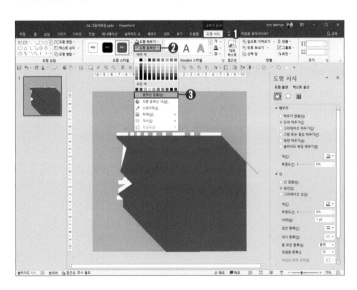

⑪ [도형 채우기]는 [테마 색] 범주에서 '검정, 텍스트 1'을 선택합니다.

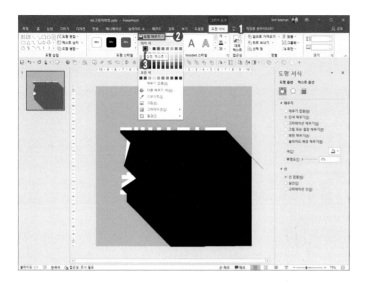

⑫ 삽입한 자유형 도형을 모두 선택하고 [그리기 도구]의 [도형 서식] 탭 – [정렬] 그룹 – [뒤로 보내기]를 클릭한 후 [맨 뒤로 보내기]를 선택합니다.

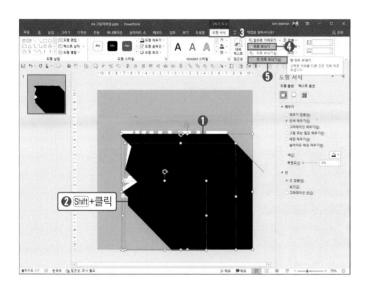

13 가이드라인을 모두 선택해 삭제합니다.

14 화면을 확대하고 글자의 모서리 부분에 입체 효과가 더 나도록 [홈] 탭 - [그리기] 그룹 - [이등변 삼각형]을 클릭한 후 슬라이드에 삽입합니다.

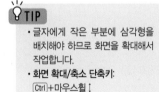

TIP
- 글자에게 작은 부분에 삼각형을 배치해야 하므로 화면을 확대해서 작업합니다.
- 화면 확대/축소 단축키: Ctrl + 마우스휠 ↑

15 삼각형을 회전시킨 후 글꼴의 삐침 부분에 배치합니다. 이와 같은 방법으로 여러 개의 이등변 삼각형을 복제(Ctrl+D)한 후 글꼴의 삐침 부분에 차례대로 배치합니다.

16 삽입한 이등변 삼각형을 모두 선택하고 [그리기 도구]의 [도형 서식] 탭 – [정렬] 그룹 – [뒤로 보내기]를 클릭한 후 [맨 뒤로 보내기]를 선택합니다.

17 [파일] 탭 – [내보내기] – [파일 형식 변경]을 선택하고 [이미지 파일 형식] 범주에서 PNG 또는 JPEG 파일로 저장합니다.

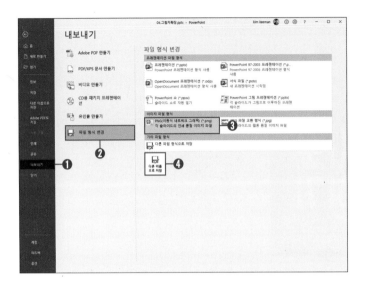

04: 폴라로이드 형식으로 디자인하기

• 실습파일: 빈 슬라이드에서 시작 • 완성파일: 04.폴라로이드(완성).pptx

생소하지만 의외로 자주 사용하는 도형 병합 기능을 익혀 새로운 도형을 만들어 보겠습니다. 그리고 스포이트 기능을
활용해 배경 이미지로부터 유사색을 추출하는 방법을 익혀보겠습니다.

핵심 기능

• 이미지 자르기
• 도형 빼기
• 스포이트 기능

사용 폰트

• 배달의민족 주아
• tvN 즐거운이야기 Medium

사이즈

• 800×800px

1 [디자인] 탭 – [사용자 지정] 그룹 – [슬라이드 크기]에서 사이즈를 '800×800px'로 조절하고 [삽입] 탭 – [이미지] 그룹 – [그림]을 클릭한 후 부록에서 제공하는 '토마토.jpg'를 삽입합니다.

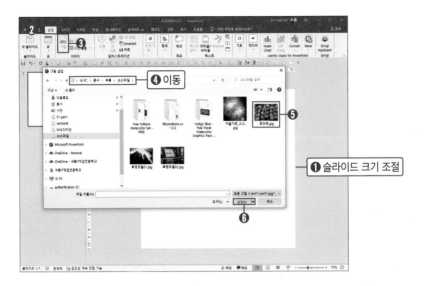

2 삽입한 이미지를 슬라이드의 크기에 맞게 늘리고 [그림 도구]의 [그림 서식] 탭 – [크기] 그룹 – [자르기]를 클릭한 후 삽입한 이미지의 좌우를 약간 잘라냅니다.

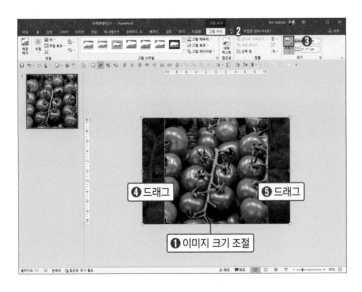

3 아래의 그림과 같이 두 개의 직사각형을 삽입한 후 도형을 모두 선택합니다.

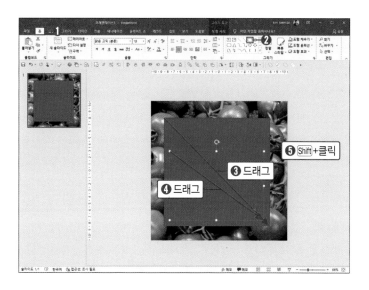

4 [홈] 탭-[그리기] 그룹-[정렬]을 클릭하고 [개체 위치] 범주에서 [맞춤]-[가운데 맞춤]을 선
택합니다.

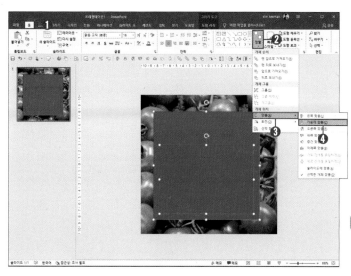

TIP 빠른 실행 도구 모음에서 [개
체 가운데 맞춤](☲) 도구를 사용하
면 더욱 편리합니다.

5 크기가 더 큰 도형을 먼저 선택하고 Shift 를 누른 상태에서 작은 도형을 선택한 후 [그리기 도구] 의 [도형 서식] 탭 – [도형 삽입] 그룹 – [도형 병합]을 클릭하고 [빼기]를 선택합니다.

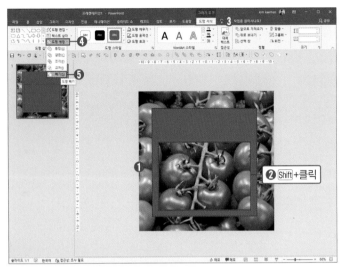

> **TIP** 빠른 실행 도구 모음에서 [도 형 빼기]( ) 도구를 사용하면 더욱 편리합니다.

6 [그리기 도구]의 [도형 서식] 탭 – [도형 스타일] 그룹 – [도형 윤곽선]을 클릭하고 [윤곽선 없음] 을 선택한 후 [도형 채우기]는 [테마 색] 범주에서 '흰색, 배경 1'을 선택합니다.

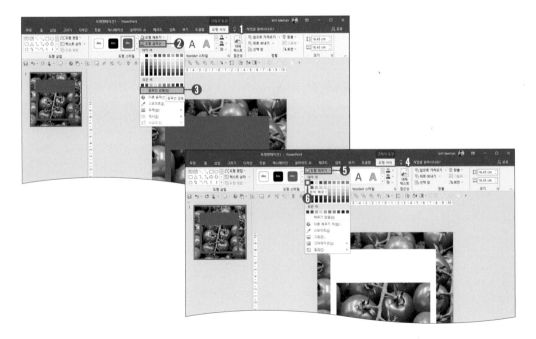

7 [홈] 탭-[그리기] 그룹-[텍스트 상자]를 클릭하고 텍스트 '토마토의 효능'을 입력한 후 [홈] 탭-[글꼴] 그룹에서 [글꼴 크기]는 '60pt'로, [글꼴]은 '배달의민족 주아'로 설정합니다.

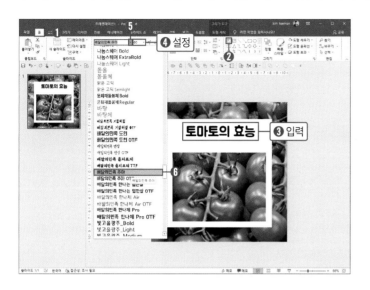

8 [홈] 탭-[글꼴] 그룹-[글꼴 색]을 클릭한 후 [스포이트]를 선택하고 배경 이미지에서 토마토의 붉은색 부분을 클릭합니다.

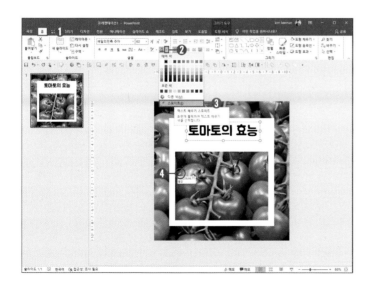

9 [홈] 탭-[그리기] 그룹-[텍스트 상자]를 클릭하고 텍스트 '토마토를 먹어야하는 이유'를 입력한 후 [홈] 탭-[글꼴] 그룹에서 글꼴을 아래의 옵션 값으로 설정한 후 아래의 그림과 같이 정렬합니다.

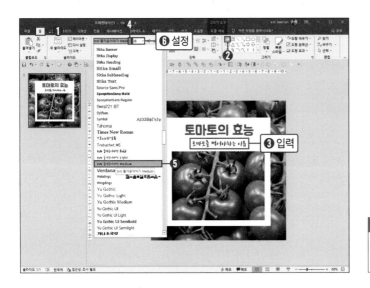

옵션 값
• 글꼴: tvN 즐거운이야기 Medium
• 글꼴 크기: 60pt

10 [파일] 탭-[내보내기]-[파일 형식 변경]을 선택하고 [이미지 파일 형식] 범주에서 PNG 또는 JPEG 파일로 저장합니다.

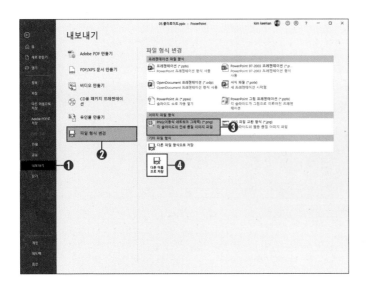

05: 네온 효과가 돋보이는 텍스트 만들기

• 실습파일: 05.네온.pptx • 완성파일: 05.네온(완성).pptx

파워포인트에서 제공하는 기본 기능만 이용해도 네온 효과를 제작할 수 있습니다. [도형 서식] 창의 [도형 옵션]에서 그림자 설정을 응용해 네온 효과를 만들고 디자인에 활용해 보겠습니다.

핵심 기능

- 도형/텍스트 윤곽선 사용하기
- 도형/텍스트 효과 사용하기
- 도형/텍스트 정렬하기

사용 폰트

- 배달의민족 주아

사이즈

- 800×800px

1 부록에서 제공하는 '05.네온.pptx' 파일을 실행하고 [홈] 탭 – [그리기] 그룹 – [타원]을 클릭한 후 드래그합니다. 이때 Shift 키를 함께 누른 상태에서 드래그하여 정원을 만듭니다.

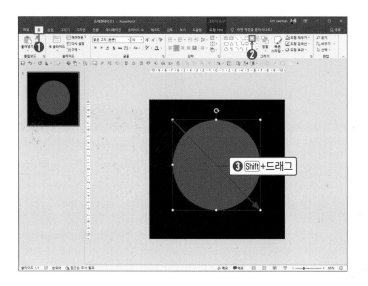

2 정원 도형에서 마우스 오른쪽 단추를 클릭하고 바로 가기 메뉴에서 [도형 서식]을 선택합니다.

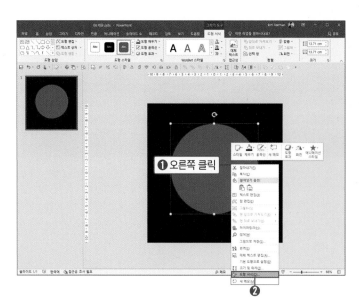

3 [도형 서식] 창이 열리면 [도형 옵션] – [채우기 및 선]을 클릭하고 [채우기] 범주에서 아래의 옵션 값으로 설정합니다.

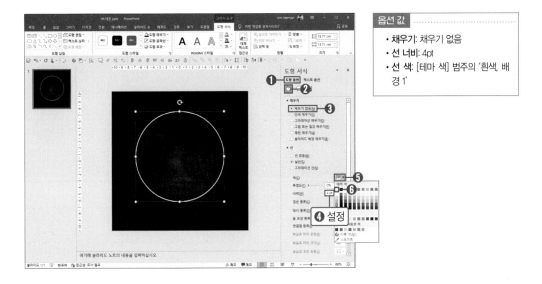

옵션 값

• **채우기**: 채우기 없음
• **선 너비**: 4pt
• **선 색**: [테마 색] 범주의 '흰색, 배경 1'

4 [효과]를 클릭하고 [그림자] 범주에서 [미리 설정]을 클릭하고 [바깥쪽] 범주에서 '오프셋: 오른쪽 아래'를 선택합니다.

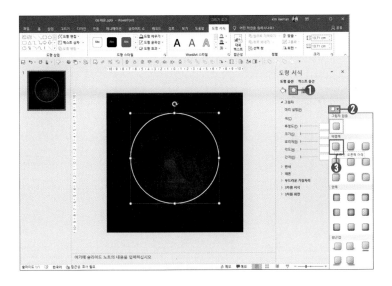

5 [도형 서식] 창에서 아래의 옵션 값으로 설정합니다.

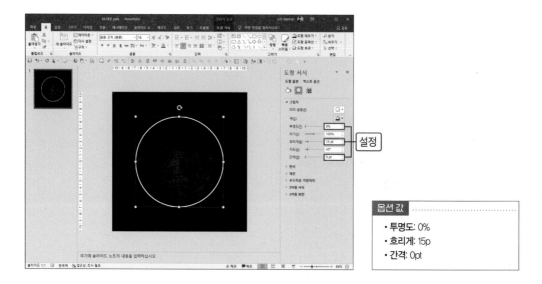

옵션 값
· 투명도: 0%
· 흐리게: 15p
· 간격: 0pt

6 [그림자] 범주에서 [색]을 클릭하고 [다른 색]을 선택합니다. [색] 대화상자가 열리면 [사용자 지정] 탭에서 [육각]에 '#008ab0'을 입력한 후 [확인]을 클릭합니다.

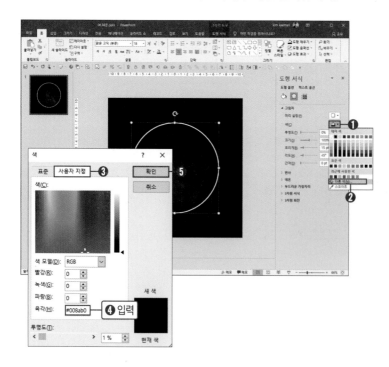

7 단축기 Ctrl + D 를 두 번 눌러 두 개의 정원 도형을 더 복제합니다.

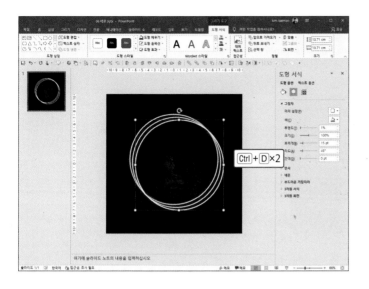

8 [홈] 탭 – [그리기] 그룹 – [정렬]을 클릭하고 [개체 위치] 범주의 [맞춤]에서 [가운데 맞춤]과 [중간 맞춤]을 차례대로 선택합니다.

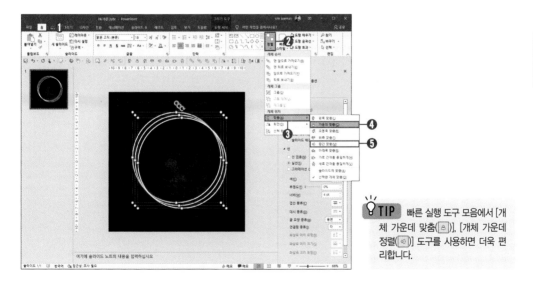

TIP 빠른 실행 도구 모음에서 [개체 가운데 맞춤(☐)], [개체 가운데 정렬(☐)] 도구를 사용하면 더욱 편리합니다.

9 [그리기 도구]의 [도형 서식] 탭 – [정렬] 그룹 – [그룹화]를 클릭하고 [그룹]을 선택합니다.

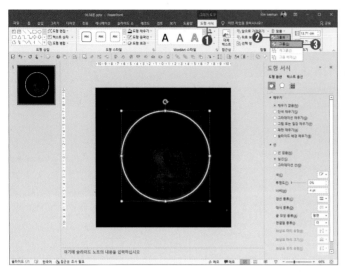

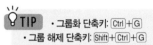

TIP
- 그룹화 단축키: Ctrl + G
- 그룹 해제 단축키: Shift + Ctrl + G

10 [홈] 탭 – [그리기] 그룹 – [텍스트 상자]를 클릭하고 텍스트 '컴활개강안내'를 입력한 후 [글꼴 크기]는 '66'으로, [글꼴]은 '배달의민족 주아'로 설정합니다.

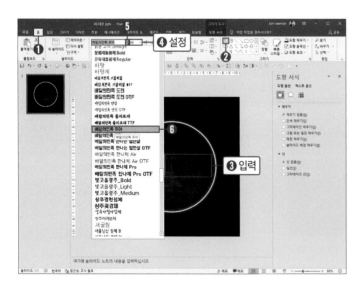

11 [도형 서식] 창에서 [텍스트 옵션] – [텍스트 채우기 및 윤곽선]의 [텍스트 채우기] 범주에서는 [채우기 없음]을, [텍스트 윤곽선] 범주에서는 [너비]를 '2'로 설정합니다.

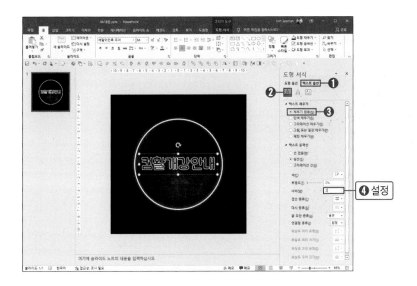

12 [효과]의 [그림자] 범주에서 [미리 설정]을 클릭하고 [바깥쪽] 범주에서 '오프셋: 오른쪽 아래'를 선택합니다.

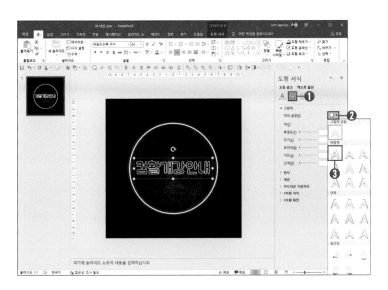

13 [투명도]는 '0%', [흐리게]는 '10pt', [간격]은 '0pt'로 설정합니다.

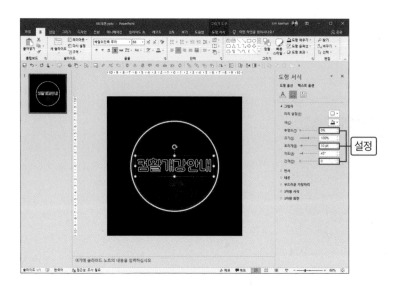

14 [색]을 클릭하고 [다른 색]을 선택합니다. [색] 대화상자가 열리면 [사용자 지정] 탭에서 [육각]에
'#b60098'을 입력하고 [확인]을 클릭합니다.

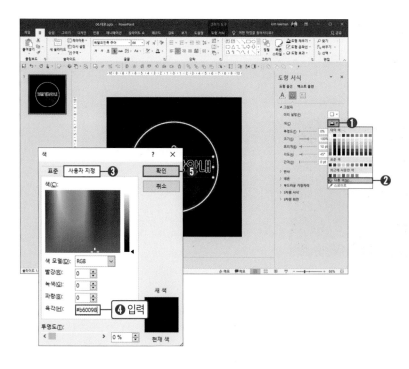

15 단축키 Ctrl+D 를 두 번 눌러 두 개의 텍스트 상자를 더 복제하고 모두 선택합니다.

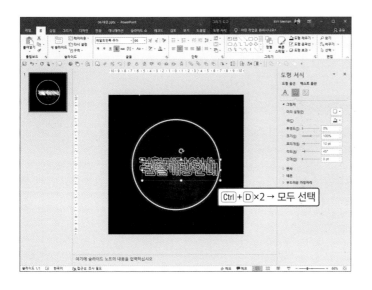

16 [홈] 탭 – [그리기] 그룹 – [정렬]을 클릭하고 [개체 위치] 범주의 [맞춤]에서 [가운데 맞춤]과 [중간 맞춤]을 차례대로 선택합니다.

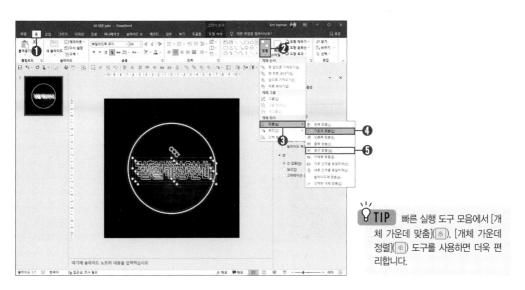

💡 **TIP** 빠른 실행 도구 모음에서 [개체 가운데 맞춤](⬠), [개체 가운데 정렬](⬢) 도구를 사용하면 더욱 편리합니다.

17 [그리기 도구]의 [도형 서식] 탭 – [정렬] 그룹 – [그룹화]를 클릭하고 [그룹]을 선택합니다.

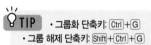

TIP · 그룹화 단축키: Ctrl + G
· 그룹 해제 단축키: Shift + Ctrl + G

18 [홈] 탭 – [그리기] 그룹 – [텍스트 상자]를 클릭하고 텍스트 'Aug.2023'을 입력한 후 기존에 입력한 텍스트 상자를 선택하고 서식 복사(Ctrl + Shift + C)를 합니다.

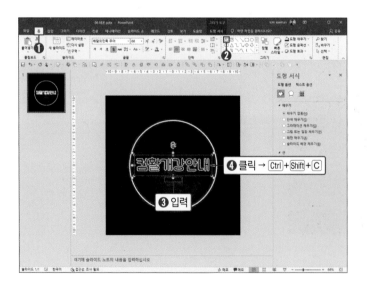

19 새로 입력한 텍스트 상자를 선택하고 서식 붙여넣기([Ctrl]+[Shift]+[V])를 합니다.

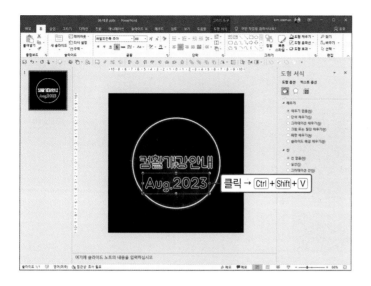

20 [도형 서식] 창에서 [텍스트 옵션] – [텍스트 효과] – [그림자] 범주에서 [색]을 클릭하고 [최근에 사용한 색] 범주에서 '옥색'을 선택합니다.

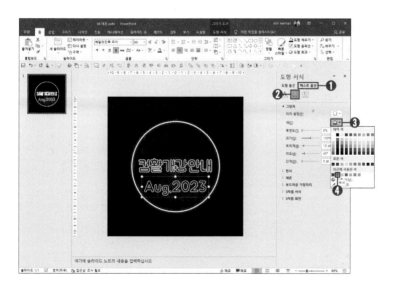

21 [홈] 탭 – [글꼴] 그룹 – [글꼴 크기]를 '36'으로 변경하고 **15**~**17** 과정을 반복해서 두 개의 텍스트 상자를 더 복제한 후 정렬하고 그룹화합니다.

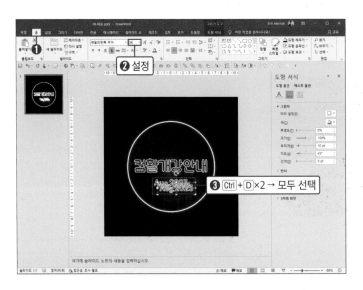

22 [홈] 탭 – [슬라이드] 그룹 – [레이아웃]을 클릭하고 [Office 테마] 범주에서 [배경화면]을 선택합니다.

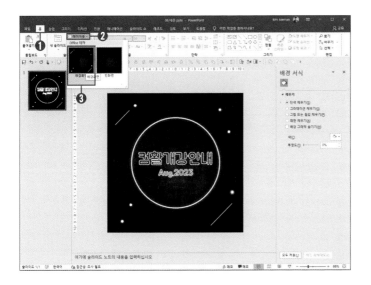

23 [파일] 탭–[내보내기]–[파일 형식 변경]을 선택하고 [이미지 파일 형식] 범주에서 PNG 또는 JPEG 파일로 저장합니다.

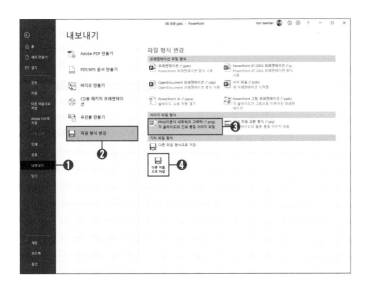

'썸네일'이란?

미술감독과 그래픽 디자이너가 작품 구상 단계에서 종이에 작은 그림을 그리는 것을 '썸네일 스케치(thumbnail sketch)'라고 합니다. '썸네일(thumbnail)'은 'thumb(엄지손가락)'과 'nail(손톱)'의 합성어로, 현재는 영상이나 사진의 작은 미리 보기 화면을 의미하지만, 미술계에서는 오래 전부터 사용해 왔던 용어입니다.

웹시대가 열리면서 썸네일은 책 표지와 같은 역할을 하게 되었습니다. 콘텐츠에 어떤 내용이 담겨 있는지 사용자에게 미리 보여주는 사진이라고 할 수 있습니다. 아무리 좋은 콘텐츠를 만들었어도 사용자가 클릭하지 않으면 의미가 없기 때문에 썸네일의 역할은 점점 더 중요해지고 있습니다.

✓ Check Point

- 호기심을 자극할 만한 제목 작성하기
- 가독성 좋은 폰트 사용하기
- 콘텐츠에 있는 내용 사용하기

시선을 사로잡는
썸네일 디자인하기

01: 유튜브 썸네일 만들기

• 실습파일: 빈 슬라이드에서 시작   • 완성파일: 01.유튜브썸네일(완성).pptx

이미지 자르기, 배경 제거 기능을 활용해 유튜브(YouTube) 썸네일을 제작해 보겠습니다. 그리고 유튜브 사용자의 시선을 주목시키기 위해 텍스트에 그림자를 설정하는 방법을 배워보겠습니다.

핵심 기능

- 이미지 잘라내기
- 투명 배경 만들기
- 서식 복사 & 붙여넣기

사용 폰트

- Noto Sans CJK KR Bold

사이즈

- 1280×720px

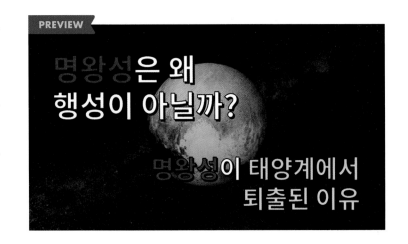

! 잠깐만요 │ 썸네일을 제작할 때의 주의 사항

유튜브(YouTube) 썸네일을 제작할 경우 유튜브 [미리 보기 이미지 정책]을 준수해야 합니다. 아래에서 설명하는 항목 중 어느 하나라도 해당한다면 유튜브에 게시하지 말아야 합니다. 다음 목록은 일부분에 불과하며, 더 많은 대상이 포함될 수 있으므로 반드시 주의하세요.

- 성적 행위, 과도한 노출, 기타 성적 만족을 위한 이미지 등을 묘사한 이미지(포르노 이미지 포함)
- 충격 또는 혐오감을 불러일으키기 위한 폭력적인 이미지
- 피 또는 유혈 장면이 포함된 노골적이거나 혐오스러운 이미지
- 저속하거나 외설적인 언어를 사용한 이미지
- 동영상에서 실제로는 없는 내용을 보게 될 것이라는 오해를 줄 수 있는 이미지

'썸네일(thumbnail)'은 '미리 보기 이미지'라는 뜻인데, 이 책에서는 'thumbnail', '미리 보기 이미지'를 '썸네일'로 기재하겠습니다.

유튜브 썸네일에는 텍스트로만 구성된 썸네일과 이미지와 텍스트로 구성된 썸네일, 이렇게 크게 두 가지 유형이 있습니다. 그중에서 이미지와 텍스트로 구성된 썸네일은 본인 영상을 캡처해 사용하는 경우도 있고, 외부 이미지를 사용해 제작하는 경우도 있습니다. 또한 투명 배경 이미지를 활용한 썸네일도 자주 사용합니다.

▲ 텍스트로만 구성된 썸네일

▲ 이미지와 텍스트로 구성된 썸네일

▲ 영상 캡처 이미지와 텍스트로 구성된 썸네일

▲ 영상 캡처 이미지 및 투명 배경(인물) 이미지와 텍스트로 구성된 썸네일

Section 09

Step by Step

1 [디자인] 탭 – [사용자 지정] 그룹 – [슬라이드 크기]에서 사이즈를 '1280×720px'로 조절하고 [삽입] 탭 – [이미지] 그룹 – [그림]을 클릭한 후 부록에서 제공하는 '우주.jpg' 파일을 삽입합니다.

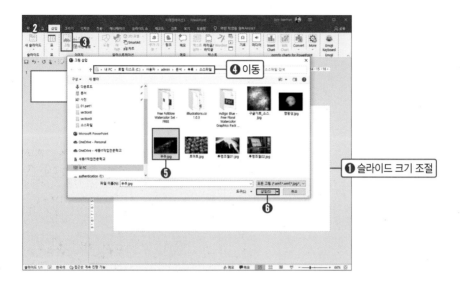

2 삽입한 이미지를 슬라이드의 크기에 맞게 늘리고 [그림 도구]의 [그림 서식] 탭 – [크기] 그룹 – [자르기]를 클릭한 후 삽입한 이미지의 위쪽과 아래쪽을 약간 잘라냅니다.

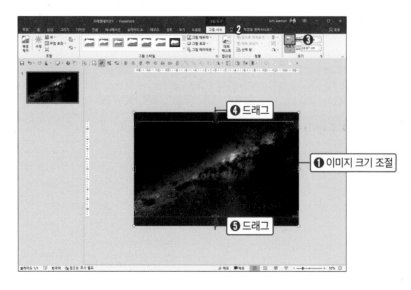

3 [홈] 탭 – [그리기] 그룹 – [직사각형]을 클릭하고 슬라이드의 크기만큼 직사각형을 삽입합니다.

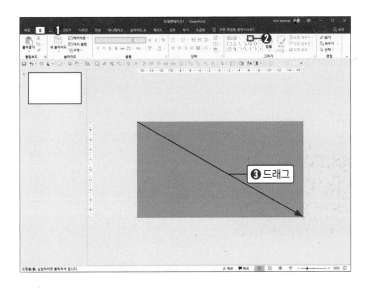

4 [그리기 도구]의 [도형 서식] 탭 – [도형 스타일] 그룹 – [도형 윤곽선]을 클릭하고 [윤곽선 없음]을 선택합니다.

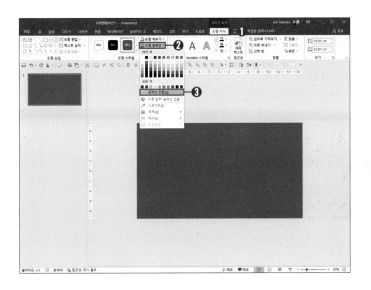

5 [그리기 도구]의 [도형 서식] 탭 - [도형 스타일] 그룹 - [도형 채우기]를 클릭하고 [테마 색] 범주에서 '검정, 텍스트 1'을 선택합니다.

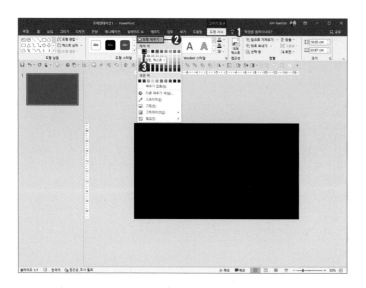

6 도형에서 마우스 오른쪽 단추를 클릭하고 바로 가기 메뉴에서 [도형 서식]을 선택합니다.

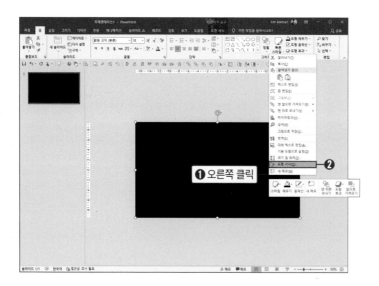

7 [도형 서식] 창이 열리면 [도형 옵션] – [채우기 및 색]을 클릭하고 [채우기] 범주에서 [단색 채우기]를 선택한 후 [투명도]는 '45'로 설정합니다.

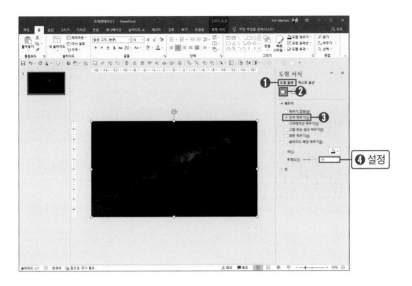

8 [삽입] 탭 – [이미지] 그룹 – [그림]을 클릭하고 [그림 삽입] 대화상자가 열리면 부록에서 제공하는 '명왕성.jpg' 파일을 삽입합니다.

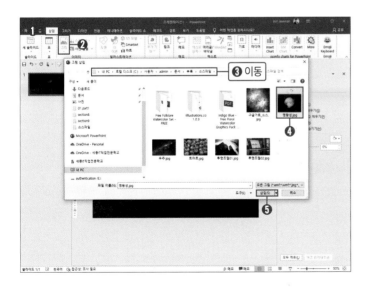

9 [그림 도구]의 [그림 서식] 탭 – [조정] 그룹 – [배경 제거]를 클릭합니다.

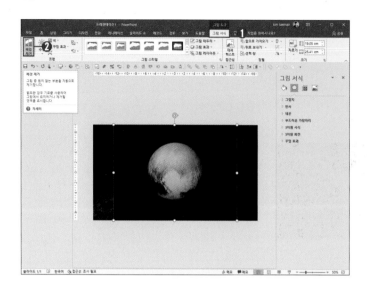

10 그룹에서 배경이 제거되었으면 [배경 제거] 탭 – [닫기] 그룹 – [변경 내용 유지]를 클릭합니다.

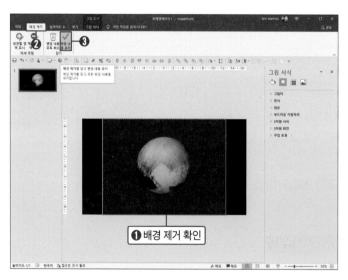

❶ 배경 제거 확인

TIP 배경을 투명하게 변경하는 방법은 53쪽의 '01 : 배경 제거 기능 이용하기'를 참고하세요.

[홈] 탭 – [그리기] 그룹 – [텍스트 상자]를 클릭하고 텍스트 '명왕성은 왜 행성이 아닐까'를 입력한 후 [홈] 탭 – [글꼴] 그룹에서 [글꼴 색]은 [테마 색] 범주에서 '흰색, 배경 1'로 설정합니다.

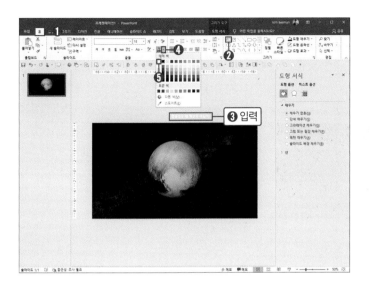

[홈] 탭 – [그리기] 그룹에서 [글꼴 크기]는 '80pt'로, [글꼴]은 'Noto Sans CJK KR Bold'로 설정합니다.

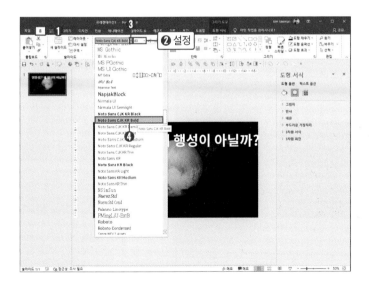

13 [도형 서식] 창에서 [텍스트 옵션]–[텍스트 채우기 및 윤곽선]을 클릭하고 [텍스트 윤곽선] 범주에서 [실선]을 선택한 후 [너비]는 '2pt', [색]은 [테마 색] 범주에서 [검정, 텍스트 1]을 선택합니다.

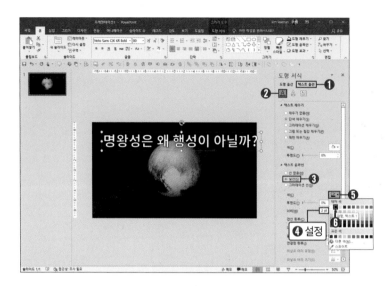

14 [도형 서식] 창에서 [텍스트 옵션]–[텍스트 효과]를 클릭하고 [그림자] 범주의 [미리 설정]에서 [바깥쪽] 범주의 [오프셋: 오른쪽 아래]를 선택합니다.

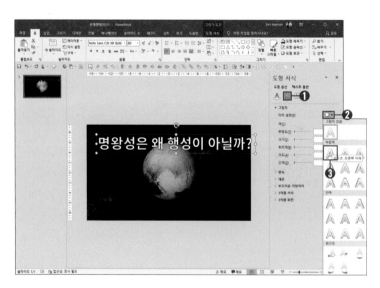

15 [그림자] 범주에서 아래의 옵션 값으로 설정합니다.

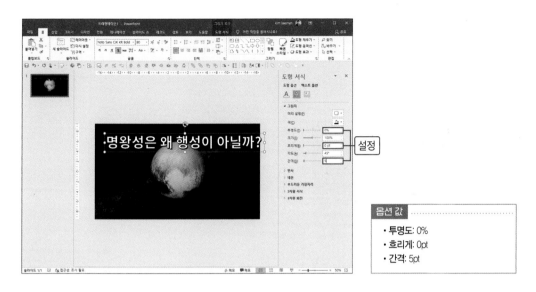

옵션 값 ....

- **투명도**: 0%
- **흐리게**: 0pt
- **간격**: 5pt

16 [홈] 탭 – [그리기] 그룹 – [텍스트 상자]를 클릭하고 텍스트 '명왕성이 태양계에서 퇴출된 이유'를 입력한 후 첫 번째 텍스트 상자를 선택한 상태에서 서식 복사(Ctrl+Shift+D)합니다.

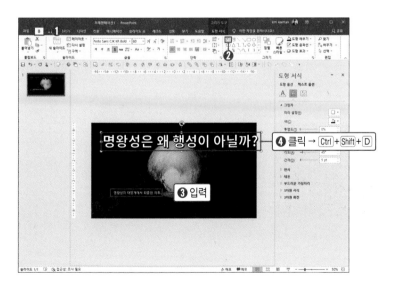

17 두 번째 텍스트 상자를 선택하고 서식 붙여넣기(Ctrl)+(Shift)+(V)를 합니다.

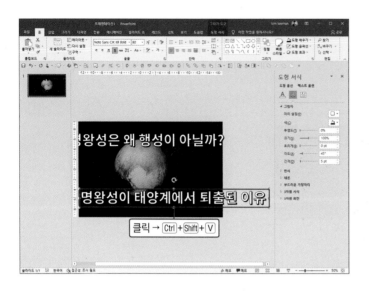

18 두 번째 텍스트 상자에서 아래의 그림과 같이 (Enter) 키를 눌러 행을 구분하고 [홈] 탭 – [단락] 그룹 – [오른쪽 맞춤]을 클릭한 후 [글꼴 크기]를 '66pt'로 설정합니다.

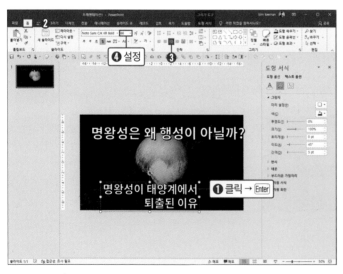

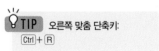

TIP 오른쪽 맞춤 단축키:
Ctrl + R

19 첫 번째 텍스트 상자의 텍스트도 Enter 키를 눌러 행을 구분하고 텍스트 '명왕성'을 선택한 후 [홈] 탭 - [글꼴] 그룹 - [글꼴 색]을 변경해 완성합니다. 이와 같은 방법으로 두 번째 텍스트 상자의 텍스트도 글꼴 색을 변경해서 완성합니다.

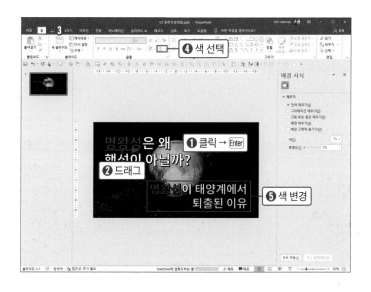

20 [파일] 탭 - [내보내기] - [파일 형식 변경]을 선택하고 [이미지 파일 형식] 범주에서 PNG 또는 JPEG 파일로 저장합니다.

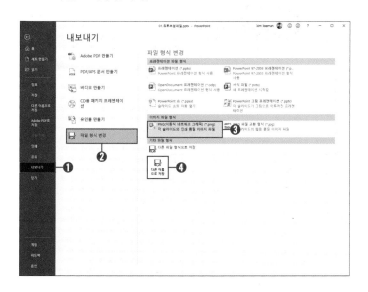

· 실습파일: 02.블로그썸네일_직사각형.pptx   · 완성파일: 02.블로그썸네일_직사각형(완성).pptx

모바일과 PC 버전에 최적화된 네이버 블로그 썸네일의 크기를 알아보고 텍스트에 그라데이션을 적용하는 방법에 대해 배워보겠습니다. 그라데이션 유형을 선택하고 중지점을 지정해 원하는 대로 설정할 수 있습니다.

핵심 기능

· 도형에 투명도 적용하기
· 텍스트에 그라데이션 적용 하기

사용 폰트

· Noto Sans CJK KR Bold
· Noto Sans CJK KR Black
· Noto Sans KR Thin

사이즈

· 900×600px

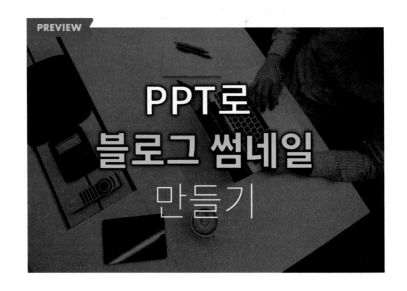

네이버 블로그 썸네일은 2020년 10월 이전에는 PC 버전과 모바일 버전 모두 1:1 비율로 제공되었습니다. 하지만 현재 PC 버전은 직사각형의 형태(6:4)로, 모바일 버전은 정사각형의 형태(1:1)로 제공됩니다. 따라서 1:1 비율로 썸네일을 제작하려면 이미지나 글자 영역을 6:4 비율 안에 작성해야 합니다. 반면 6:4 비율로 썸네일을 제작할 경우에는 이미지나 글자 영역을 1:1 비율 안에 작성해야 합니다.

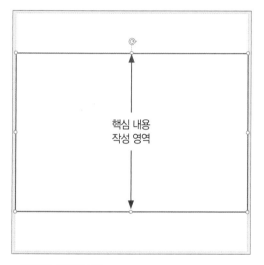

▲ 모바일에 최적화된 크기

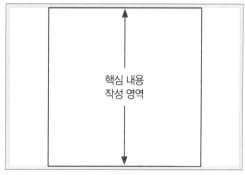

▲ PC 화면에 최적화된 크기

▲ 1:1 비율로 제작한 블로그 썸네일

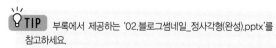

💡 **TIP** 부록에서 제공하는 '02.블로그썸네일_정사각형(완성).pptx'를 참고하세요.

▶ Step by Step

1 부록에서 제공하는 '02.블로그썸네일_직사각형.pptx' 파일을 실행합니다. 슬라이드에 안내선이 보이지 않으면 [보기] 탭 – [표시] 그룹 – [안내선]에 체크합니다. 슬라이드가 6:4 비율이므로 안내선의 1:1 비율 안에 내용을 작성합니다.

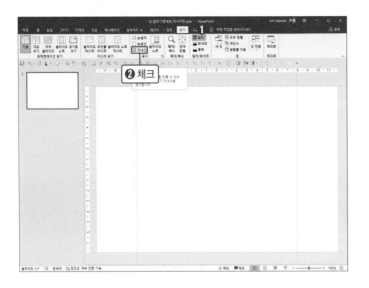

2 [삽입] 탭 – [이미지] 그룹 – [그림]을 클릭하고 부록에서 제공하는 '블로그썸네일.jpg' 파일을 삽입합니다.

3 [홈] 탭-[그리기] 그룹-[직사각형]을 클릭한 후 슬라이드의 크기에 맞게 직사각형을 삽입합니다.

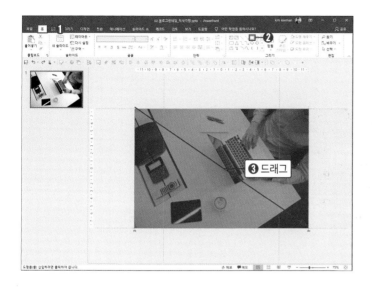

4 [그리기 도구]의 [도형 서식] 탭-[도형 스타일] 그룹-[도형 윤곽선]을 클릭하고 [윤곽선 없음]을 선택합니다. [도형 채우기]는 [테마 색] 범주에서 '검정, 텍스트 1'을 선택합니다.

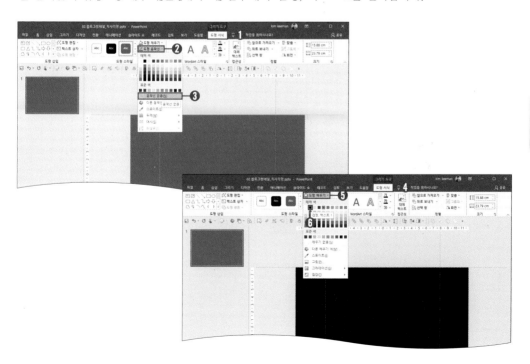

5 도형에서 마우스 오른쪽 단추를 클릭하고 바로 가기 메뉴에서 [도형 서식]을 선택합니다.

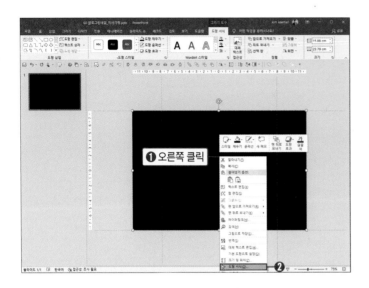

6 [도형 서식] 창에서 [도형 옵션] – [채우기 및 선 색]을 클릭하고 [채우기] 범주에서 [투명도]를 '50'으로 설정합니다.

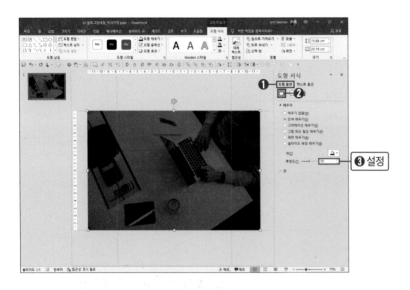

7 [홈] 탭 – [그리기] 그룹 – [텍스트 상자]를 클릭하고 텍스트 'PPT로'를 입력한 후 아래의 옵션 값으로 설정합니다.

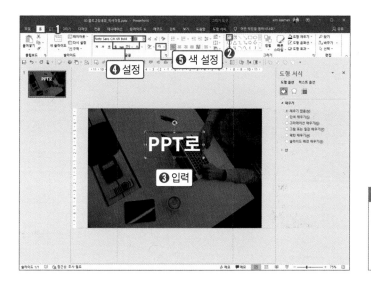

옵션 값
- 글꼴: Noto Sans CJK KR Bold
- 글꼴 색: [테마 색] 범주의 '흰색, 배경 1'
- 글꼴 크기: 72pt

8 [도형 서식] 창에서 [텍스트 옵션] – [텍스트 채우기 및 윤곽선]을 클릭하고 [텍스트 윤곽선] 범주에서 [실선]을 선택한 후 [색]은 [테마 색] 범주의 '검정, 텍스트 1'로, [너비]는 '2pt'로 설정합니다.

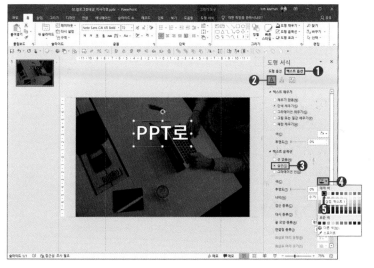

Section
09

9 [도형 서식] 창에서 [텍스트 옵션] – [텍스트 효과]를 클릭하고 [그림자] 범주의 [미리 설정]에서 [바깥쪽] 범주의 [오프셋: 오른쪽 아래]를 선택한 후 아래의 옵션 값으로 설정합니다.

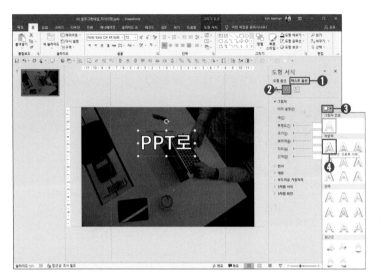

옵션 값
· 투명도: 0%
· 흐리게: 10pt
· 간격: 0pt

10 텍스트 상자를 복제(Ctrl + D)하고 텍스트를 '블로그 썸네일'로 수정한 후 [글꼴]은 'Noto Sans CJK KR Black'으로 선택합니다.

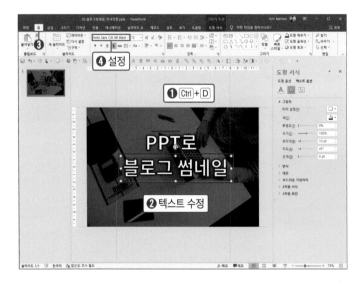

11 [도형 서식] 창에서 [텍스트 옵션] – [텍스트 채우기 및 윤곽선]을 클릭하고 [텍스트 채우기] 범주에서 [그라데이션 채우기]를 선택한 후 아래의 그림과 같이 [그라데이션 중지점]에서 두 개의 중지점을 제거합니다.

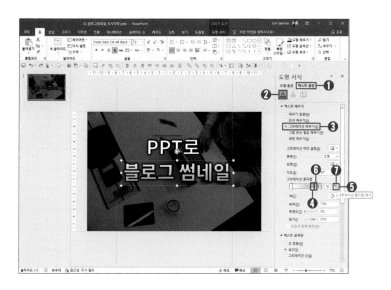

12 왼쪽 그라데이션 중지점을 선택하고 [색]을 클릭한 후 [다른 색]을 선택합니다.

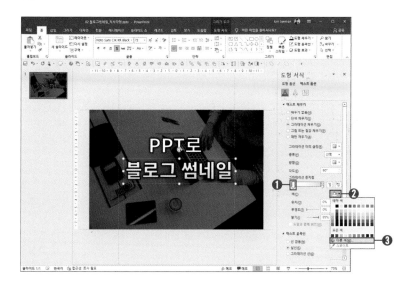

13 [색] 대화상자가 열리면 [사용자 지정] 탭에서 [육각]에 '#D6ED17'을 입력합니다. 이와 같은 방법으로 오른쪽 그라데이션 중지점의 색을 '#FEE175'로 설정합니다.

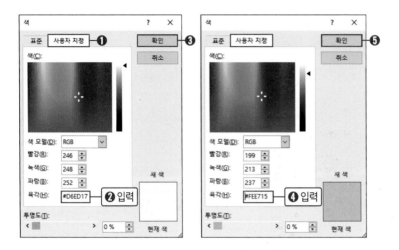

14 [홈] 탭 – [그리기] 그룹 – [텍스트 상자]를 클릭하고 텍스트 '만들기'를 입력한 후 글꼴을 아래의 옵션 값으로 설정합니다.

옵션 값
• 글꼴: Noto Sans KR Thin
• 글꼴 크기: 72pt

15 마지막으로 텍스트 상자를 가운데로 정렬해 완성합니다.

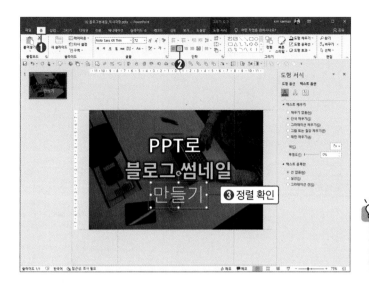

TIP 빠른 실행 도구 모음에서 [개체 가운데 맞춤](▣), [개체 가운데 정렬](◎) 도구를 사용하면 더욱 편리합니다.

16 [파일] 탭 – [내보내기] – [파일 형식 변경]을 선택하고 [이미지 파일 형식] 범주에서 PNG 또는 JPEG 파일로 저장합니다.

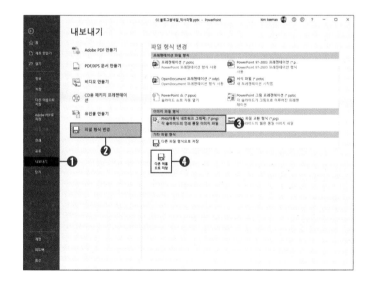

• 실습파일: 03.블로그썸네일_원형.pptx   • 완성파일: 03.블로그썸네일_원형(완성).pptx

원형 썸네일을 디자인하는 방법을 배워보겠습니다. 그리고 원형에 맞춰 내부의 도형을 만들기 위해 도형 병합 기능과 정렬 기능을 활용해 보겠습니다.

핵심 기능
• 도형 병합 활용하기
• 도형 정렬하기

사용 폰트
• 배달의민족 주아

사이즈
• 800×800px

▶ Step by Step

1 부록에서 제공하는 '03.블로그썸네일_원형.pptx' 파일을 실행하고 [홈] 탭 – [그리기] 그룹 – [타원]을 클릭한 후 타원을 삽입합니다.

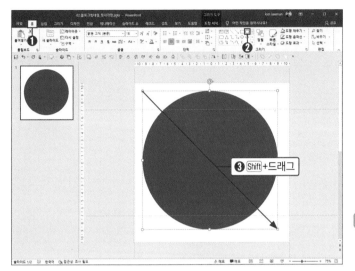

💡**TIP** Shift를 누른 상태에서 타원을 그리면 반지름이 같은 정원을 그릴 수 있습니다.

2 [그리기 도구]의 [도형 서식] 탭 – [크기] 그룹에서 [가로]와 [세로]를 모두 '19cm'로 설정합니다.

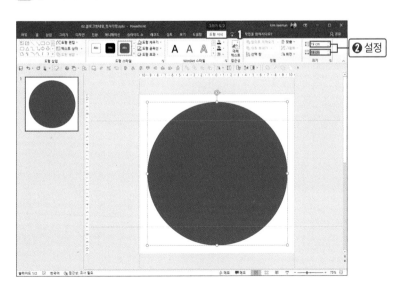

3 [홈] 탭 – [그리기] 그룹 – [직사각형]을 클릭하고 아래의 그림과 같이 직사각형을 삽입합니다.

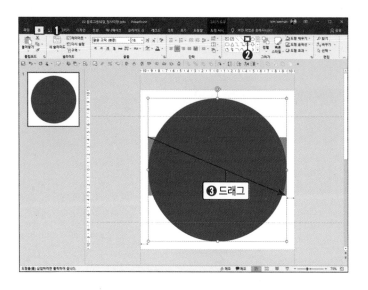

4 [그리기 도구]의 [도형 서식] 탭 – [정렬] 그룹 – [맞춤]을 클릭하고 차례대로 [가운데 맞춤]과 [중간 맞춤]을 선택합니다.

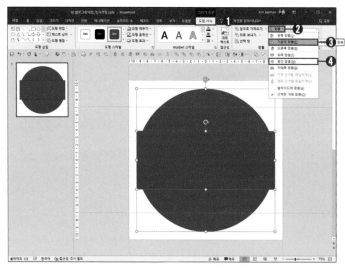

> **TIP** 빠른 실행 도구 모음에서 [개체 가운데 맞춤]( ), [개체 가운데 정렬]( ) 도구를 사용하면 더욱 편리합니다.

5 타원 도형을 먼저 선택하고 직사각형 도형을 그 다음에 선택한 상태에서 [그리기 도구]의 [도형 서식] 탭 – [도형 삽입] 그룹 – [도형 병합]을 클릭한 후 [교차]를 선택합니다.

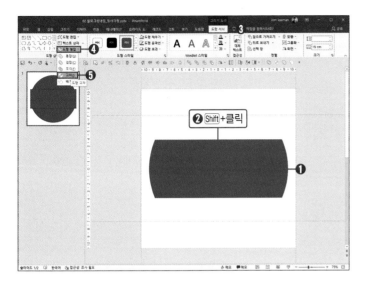

6 [홈] 탭 – [그리기] 그룹 – [타원]을 클릭하고 타원을 삽입합니다.

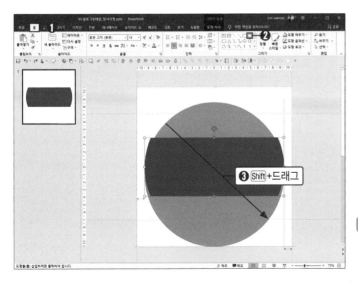

💡**TIP** Shift를 누른 상태에서 타원을 그리면 반지름이 같은 정원을 그릴 수 있습니다.

7 [그리기 도구]의 [도형 서식] 탭 – [크기] 그룹에서 [가로]와 [세로]를 모두 '19cm'로 설정합니다.

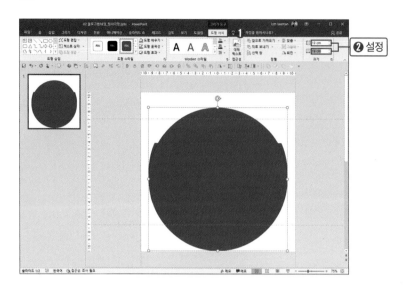

8 타원 도형을 선택한 상태에서 [그리기 도구]의 [도형 서식] 탭 – [정렬] 그룹 – [뒤로 보내기]를 클릭하고 [맨 뒤로 보내기]를 선택합니다.

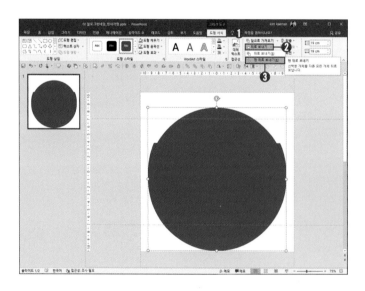

9 **4**~**5** 와 같은 방법으로 두 개의 도형을 정렬하고 교차 병합합니다.

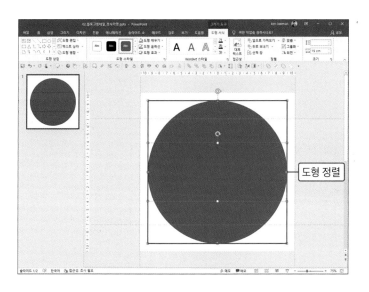

10 교차 병합된 도형을 선택한 상태에서 [그리기 도구]의 [도형 서식] 탭 – [도형 스타일] 그룹에서 아래의 옵션 값으로 설정합니다.

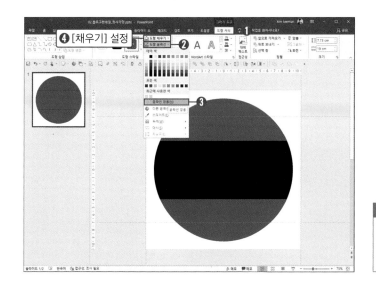

옵션 값

• **도형 윤곽선**: 윤곽선 없음
• **도형 채우기**: [테마 색] 범주의 '검정, 텍스트 1'

11 교차 병합된 도형에서 마우스 오른쪽 단추를 클릭하고 [도형 서식]을 선택합니다.

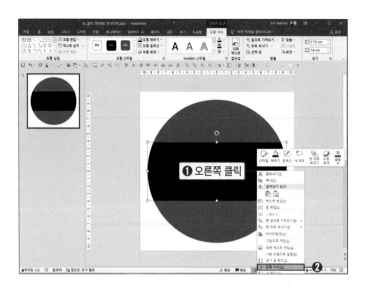

12 [도형 서식] 창에서 [도형 옵션] – [채우기 및 선]을 클릭하고 [채우기] 범주에서 [투명도]를 '40%'로 설정합니다.

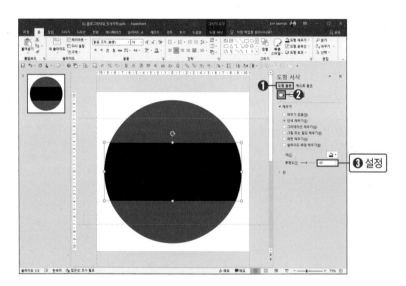

13 교차 병합된 도형에 텍스트 'PPT로 만드는 블로그 썸네일'을 입력합니다.

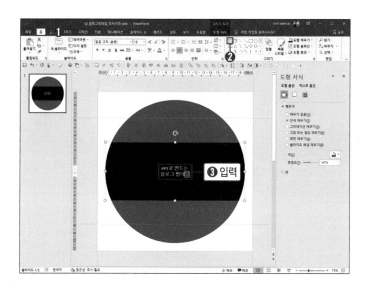

14 [글꼴 크기]는 '72pt'로, [글꼴]은 '배달의민족 주아'로 변경합니다.

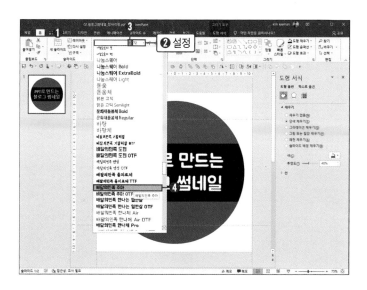

원형 도형을 선택하고 [도형 서식] 창에서 [도형 옵션] – [채우기 및 선]을 클릭합니다. [선] 범주에서 [실선]을 선택하고 아래의 옵션 값으로 설정합니다.

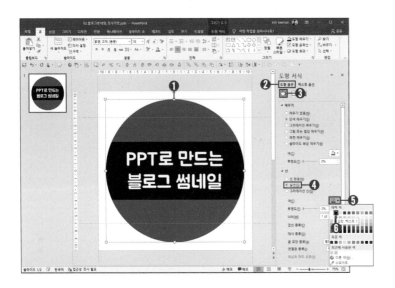

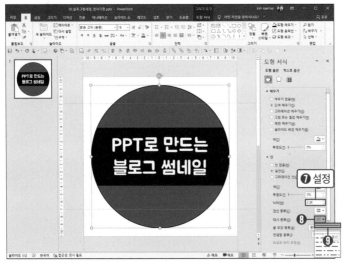

옵션 값

• 색: [테마 색]의 '검정, 텍스트 1'
• 너비: 2pt
• 대시 종류: 둥근 점선

16 [채우기] 범주에서 [그림 또는 질감 채우기]를 선택하고 [삽입]을 클릭합니다.

17 [그림 삽입] 대화상자가 열리면 부록에서 제공하는 '수채화.emf' 파일을 선택하고 [삽입]을 클릭합니다.

18 삽입된 그림을 확인합니다.

19 [파일] 탭 – [내보내기] – [파일 형식 변경]을 선택하고 [이미지 파일 형식] 범주에서 PNG 또는 JPEG 파일로 저장합니다.

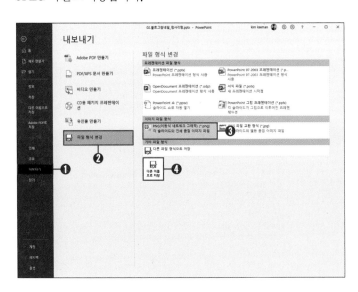

04: 페이스북 커버 이미지 만들기

· 실습파일: 04.페이스북.pptx   · 완성파일: 04.페이스북(완성).pptx

모바일과 PC 버전에 최적화된 페이스북 커버 이미지의 사이즈를 알아보겠습니다. 그리고 특정 글꼴을 활용해서 붓터치 느낌의 페이스북 커버 이미지를 만들어 보겠습니다.

핵심 기능 ·····················

- 글꼴 크기 변경하기
- 도형 병합 활용하기

사용 폰트 ·····················

- Noto Sans CJK KR
- Road Rage(라이선스 있음. 개인 사용 무료)

사이즈 ·····················

- 820×360px

Section
09

139

페이스북 커버 이미지는 컴퓨터에서는 '820×312px'로, 모바일에서는 '640×360px'로 표시됩니다.

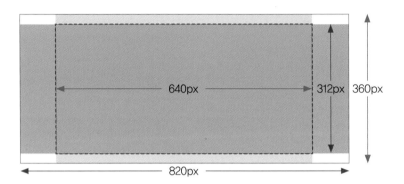

위의 그림에서 회색은 PC 노출 부분(820×312px)이고, 노란색 부분은 모바일 노출 부분(640× 360px)입니다. 따라서 중요한 내용은 빨간색 점선(640×312px) 안에 위치하도록 디자인해야 모든 장치에서 내용이 잘려 보이지 않습니다.

▶ **Step by Step**

1 부록에서 제공하는 '04.페이스북.pptx' 파일을 실행하고 [홈] 탭 – [그리기] 그룹 – [텍스트 상자]를 클릭한 후 '/'를 입력합니다.

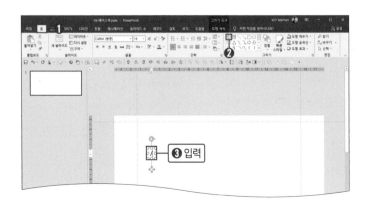

2 [홈] 탭 – [글꼴] 그룹에서 [글꼴]은 'Road Rage'로, [글꼴 크기]는 '199pt'로 설정합니다.

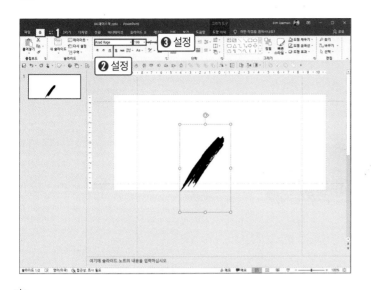

3 여러 개의 텍스트 상자를 복제(Ctrl+D)한 후 글꼴의 크기를 199pt부터 413pt까지 변경하면서 아래의 그림처럼 슬라이드를 가득 채웁니다.

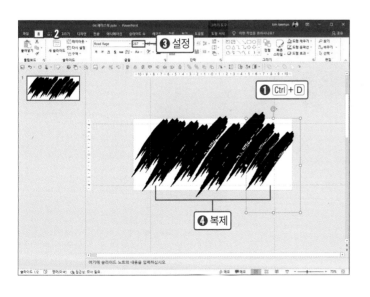

4 텍스트 상자를 모두 선택(Ctrl+A)하고 [그리기 도구]의 [도형 서식] 탭 – [도형 삽입] 그룹 – [도형 병합]을 클릭한 후 [통합]을 선택합니다. 그러면 텍스트 상자를 도형처럼 사용할 수 있습니다.

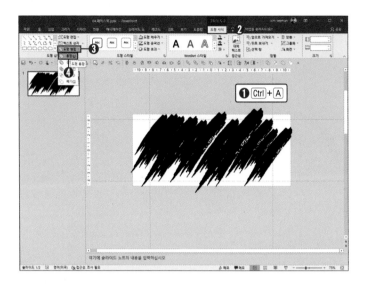

5 슬라이드에서 마우스 오른쪽 단추를 클릭하고 바로 가기 메뉴에서 [배경 서식]을 선택합니다.

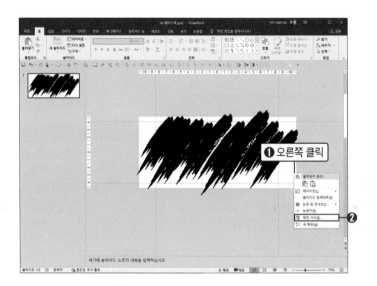

6 [배경 서식] 창이 열리면 [채우기] 범주에서 [색]을 클릭한 후 [다른 색]을 선택합니다. [색] 대화 상자가 열리면 [사용자 지정] 탭의 [육각]에 '#343148'을 입력하고 [확인]을 클릭합니다.

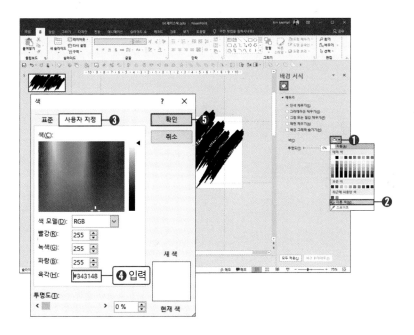

7 통합된 도형을 선택하고 [도형 서식] 창에서 [도형 옵션] – [채우기 및 선]을 클릭한 후 [채우기 범주]의 [색]에서 [다른 색]을 선택합니다.

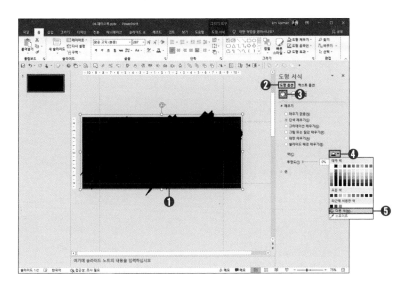

8 [색] 대화상자가 열리면 [사용자 지정] 탭의 [육각]에 '#D7C49E'를 입력하고 [확인]을 클릭합니다.

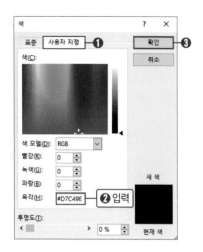

9 [홈] 탭 – [그리기] 그룹 – [텍스트 상자]를 클릭하고 텍스트 '직장인을 위한', '실무', 'POWERPOiNT'를 각각 입력합니다.

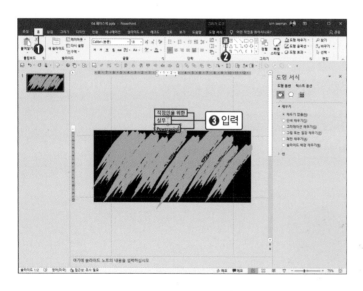

10 텍스트 '직장인을 위한'과 '실무'의 글꼴을 각각 다르게 설정합니다.

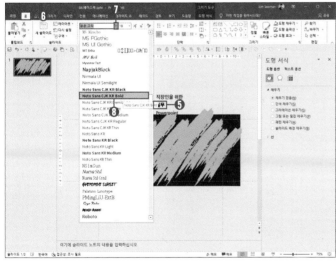

옵션 값
- **'직장인을 위한'**: Noto Sans CJK KR Demilight
- **'실무'**: Noto Sans CJK KR Bold

11 텍스트 'POWERPOiNT'에 [Road Rage] 글꼴을 설정합니다.

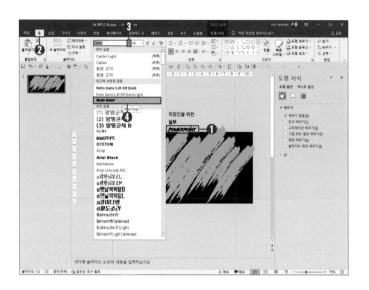

12 텍스트 상자를 모두 선택하고 오른쪽에 배치한 후 [글꼴 색]을 [최근에 사용한 색] 범주에서 '남색'을 선택합니다.

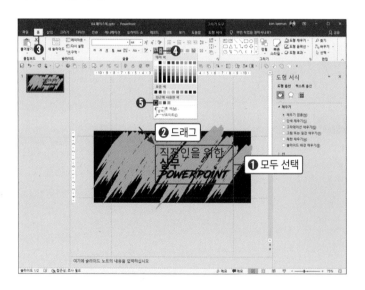

13 [파일] 탭-[내보내기]-[파일 형식 변경]을 선택하고 [이미지 파일 형식] 범주에서 PNG 또는 JPEG 파일로 저장합니다.

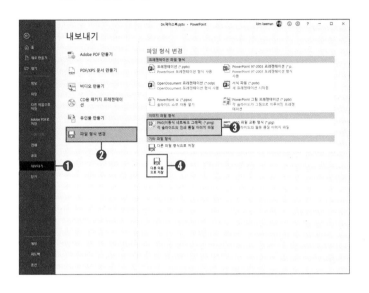

⚠️ **잠깐만요 | 통합 도형에 이미지 삽입하기**

앞의 실습처럼 디자인한 후 도형에 이미지를 삽입할 수 있습니다. [그리기 도구]의 [도형 서식] 탭-[도형 삽입] 그룹-[도형 병합]을 클릭하고 [도형 합치기]를 선택한 후 [그림 서식] 창에서 [그림 또는 질감 채우기]를 활용해 보세요.

매출을 높여야 하는 직종에 종사하고 있다면 대부분 온라인과 오프라인 홍보를 병행하고 있을 것입니다. 파워포인트로 구글 및 네이버의 디스플레이 광고 배너와 상세 페이지를 제작해 보고 여러 가지 오프라인 홍보물을 디자인하는 방법을 알아봅니다.

매출이
달라지는
광고 디자인

'배너'란?

웹에서 광고의 종류는 크게 '디스플레이 광고(DA; Display Ad)'와 '키워드 광고(Keyword Ad)'로 나눌 수 있습니다. 이 중에서 '디스플레이 광고'를 흔히 '배너 광고'라고 합니다. '배너(banner)'는 본래 '깃발'이라는 의미인데, 전통적으로 '플래카드'나 '현수막'이라고 불렀습니다. 이런 직사각형 형태의 배너는 현재 인터넷에서 사각형 띠 모양의 광고를 지칭하는 말로 사용됩니다. 사용자가 배너를 클릭하면 해당 광고 페이지로 연결됩니다.

✓ Check Point

- 노출 사이트의 게재 위치 및 사이즈 확인하기
- 노출 사이트의 가이드라인에 맞게 제작하기
- 가독성 좋은 폰트 사용하기

클릭률을 높이는
배너 디자인하기

구글 디스플레이 배너 만들기 – 가로형

• 실습파일: 01.구글가로.pptx   • 완성파일: 01.구글_300_200(완성).pptx

구글 가로형 배너 중 가장 자주 사용하는 사이즈의 배너를 만들어 보겠습니다. 워드아트 기능을 이용해 텍스트를 이미지처럼 활용하는 방법과 균등 분할을 통해 텍스트 상자의 너비를 일정하게 하는 방법에 대해 알아보겠습니다.

핵심 기능

- 텍스트 상자 균등 분할하기
- 텍스트 변환하기

사용 폰트

- Arial Black

사이즈

- 300×200px

✓ Check Check

클릭률을 높이기 위해서는 고정형 이미지 광고보다 반응형 디스플레이 광고 유형을 적용하는 것이 좋습니다. '반응형 디스플레이 광고'는 '구글 디스플레이 네트워크(GDN; Google Display Network)'의 기본 광고 유형입니다. 인터넷의 광고 공간 어디에나 잘 들어맞도록 광고 작성자가 제공한 이미지의 크기, 모양 및 형식을 자동으로 조정해 줍니다.

171쪽에서 다양한 사이즈로 제작한 배너를 'Google Ad'에 업로드하면 노출될 광고 지면에 따라 여러 사이즈의 배너 중 한 가지를 띄워줍니다.

💡 **TIP**   '디스플레이 광고'는 인터넷에서 노출되는 이미지 배너 형식의 광고이고, '구글 디스플레이 네트워크'는 말 그대로 구글에서 제공하는 디스플레이 광고를 말합니다.

다음은 스마트폰에 광고가 게재될 때의 예입니다.

다음은 컴퓨터 사용자에게 광고가 표시될 때의 예입니다.

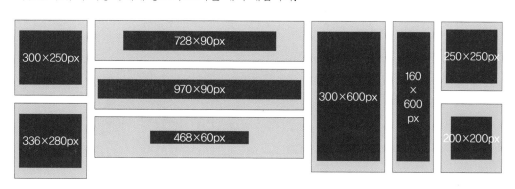

구글에서는 다음과 같이 광고로 적합한 이미지 가이드를 제공하고 있습니다.

❶ 고품질 이미지 사용하기
왜곡되거나 초점이 어긋난 이미지, 색이 바랜 이미지를 사용하지 않습니다.
❷ 제품 또는 서비스를 이미지의 가운데에 두기
빈 공간은 이미지의 80% 이하여야 하며, 제품 또는 서비스가 이미지의 중앙에 위치해야 합니다.
❸ 콜라주(collage) 이미지 사용하지 않기
콜라주는 권장되지 않으므로 단일 이미지를 사용해야 합니다.
❹ 이미지에 로고나 텍스트, 단추 겹치지 않기

특정 광고 레이아웃에서는 반복 표시될 수 있으므로 이미지에 로고를 겹치지 않습니다. 텍스트를 이미지에 겹치면 작은 크기에서 읽기 어려우므로 피하는 것이 좋으나, 텍스트가 기본 삽입되거나 통합된 이미지는 사용할 수 있습니다. 그리고 '재생', '다운로드', '닫기' 등 없는 기능을 나타내는 단추를 넣는 것은 정책에 위반됩니다.

▶ Step by Step

1 부록에서 제공하는 '01.구글가로.pptx' 파일을 실행하고 '그림을 추가하려면 아이콘을 클릭하십시오' 영역의 아이콘을 클릭합니다.

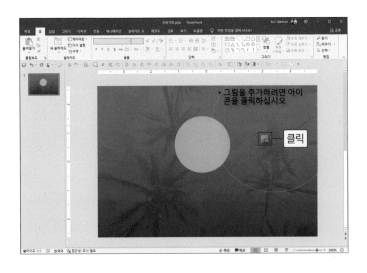

[그림 삽입] 대화상자가 열리면 부록에서 제공하는 '구글배너.jpg' 파일을 선택하고 [삽입]을 클릭해 그림을 삽입합니다.

[그림 도구]의 [그림 서식] 탭 – [정렬] 그룹 – [뒤로 보내기]를 클릭하고 [맨 뒤로 보내기]를 선택합니다.

TIP 빠른 실행 도구 모음에서 [맨 뒤로 보내기](□) 도구를 클릭하면 더욱 편리합니다.

4 [홈] 탭 – [그리기] 그룹 – [텍스트 상자]를 클릭하고 텍스트 '50% OFF'를 입력합니다.

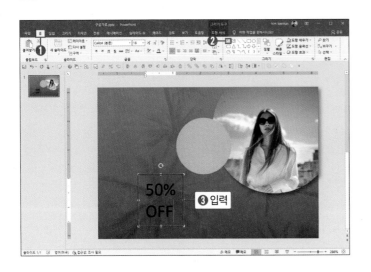

5 굵게 처리할 텍스트를 드래그하여 선택하고 글꼴을 'Arial Black'으로 설정한 후 [홈] 탭 – [단락] 그룹 – [가운데 맞춤]을 클릭합니다.

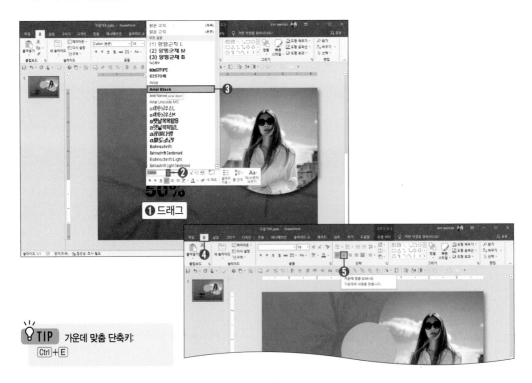

TIP 가운데 맞춤 단축키:
Ctrl + E

6 [그리기 도구]의 [도형 서식] 탭 – [WordArt] 그룹 – [텍스트 효과]를 클릭하고 [변환] – [휘기] 범주에서 [사각형]을 선택한 후 텍스트 상자의 크기를 조절해 노란색 원 안에 배치합니다.

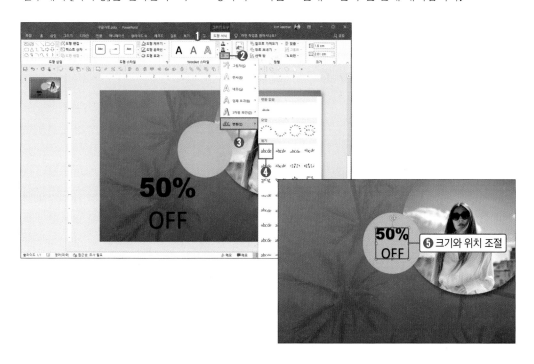

7 [홈] 탭 – [그리기] 그룹 – [텍스트 상자]를 클릭하고 텍스트 'SUMMER'를 입력합니다. [홈] 탭 – [글꼴] 그룹 – [글꼴 색]에서 [테마 색] 범주의 '흰색, 배경 1'을 선택한 후 [홈] 탭 – [단락] 그룹 – [균등 분할]을 클릭합니다.

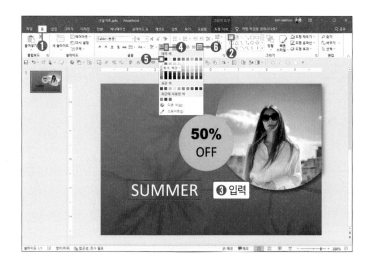

8 'SUMMER' 텍스트 상자를 복제(Ctrl+D)하고 복제한 텍스트를 'SALE'로 변경한 후 [글꼴]을
'Arial Black'으로 설정합니다.

9 Shift 키를 이용해 두 개의 텍스트 상자를 선택한 상태에서 [홈] 탭 – [그리기] 그룹 – [정렬]을 클
릭하고 [개체 위치] 범주에서 [맞춤] – [가운데 맞춤]을 클릭합니다.

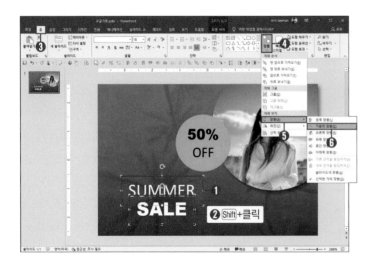

10 텍스트 상자의 크기를 아래의 그림과 같이 조절합니다.

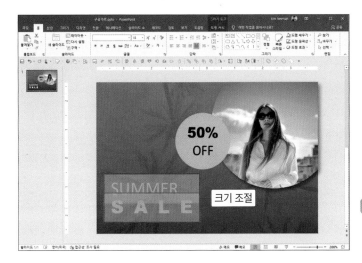

TIP 빠른 실행 도구 모음에서 [개체 가운데 맞춤](🔲) 도구를 사용하면 더욱 편리합니다.

11 [홈] 탭 – [그리기] 그룹 – [사각형: 둥근 모서리]를 클릭하고 둥근 모서리 사각형을 삽입합니다.

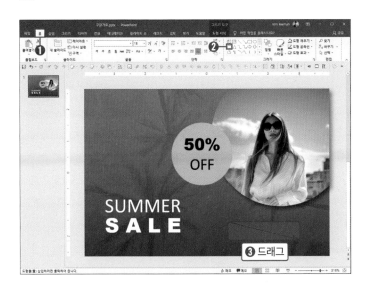

12 [그리기 도구]의 [도형 서식] 탭 – [도형 스타일] 그룹에서 아래의 옵션 값으로 설정합니다.

옵션 값
- **도형 윤곽선**: 윤곽선 없음
- **도형 채우기**: [테마 색] 범주의 '황금색, 강조 4'

13 [홈] 탭 – [그리기] 그룹 – [텍스트 상자]를 클릭해 사각형 안에 텍스트 상자를 새로 삽입하고 텍스트 '구매하러가기'를 입력한 후 **6** 과정과 마찬가지로 텍스트에 효과를 설정합니다.

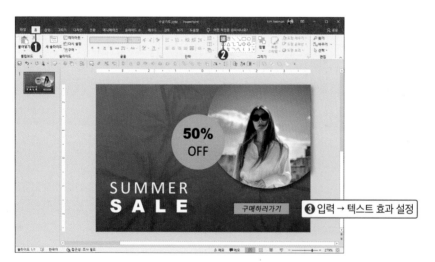

14 글꼴 크기를 적당히 조절한 후 로고가 있으면 로고를 삽입합니다.

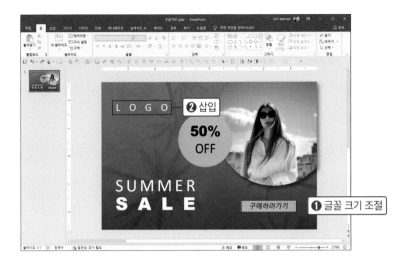

15 [파일] 탭 – [내보내기] – [파일 형식 변경]을 선택하고 [이미지 파일 형식] 범주에서 PNG 또는 JPEG 파일로 저장합니다.

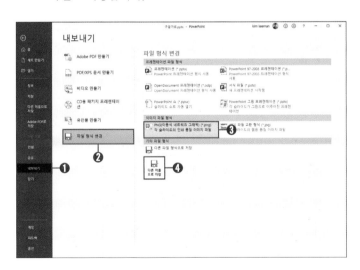

● 실습파일: 02.구글세로.pptx   ● 완성파일: 02.구글_160_600(완성).pptx

구글 세로형 배너 중 가장 자주 사용하는 사이즈의 배너를 만들어 보겠습니다. 워드아트 기능을 활용하고 줄 간격을 조절해 텍스트를 강조해 봅시다.

핵심 기능 ·····················
- 줄 간격 옵션 활용하기
- 텍스트 변환하기

사용 폰트 ·····················
- Arial Black

사이즈 ·····················
- 160×600px

162

1️⃣ 부록에서 제공하는 '02.구글세로.pptx' 파일을 실행하고 '그림을 추가하려면 아이콘을 클릭하십시오' 영역의 아이콘을 클릭합니다. [그림 삽입] 대화상자가 열리면 부록에서 제공하는 '구글세로.jpg' 파일을 선택하고 [삽입]을 클릭해 그림을 삽입합니다.

2️⃣ [홈] 탭 – [그리기] 그룹 – [텍스트 상자]를 클릭하고 텍스트 'SALE'을 입력합니다.

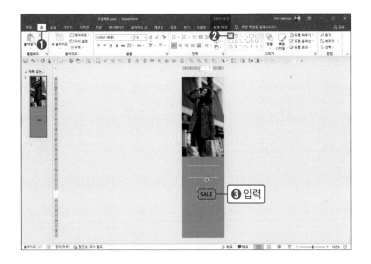

3 [홈] 탭 – [글꼴] 그룹에서 [글꼴]은 'Arial Black'으로, [글꼴 색]은 [테마 색] 범주의 '흰색, 배경 1'로 설정한 후 아래의 그림과 같이 텍스트를 배치합니다.

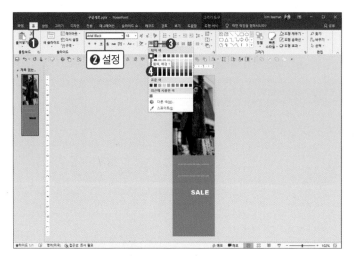

4 [홈] 탭 – [그리기] 그룹 – [텍스트 상자]를 클릭하고 텍스트 '75'를 입력합니다. [홈] 탭 – [글꼴] 그룹 – [글꼴 색]을 [테마 색] 범주의 '흰색, 배경 1'로 설정합니다.

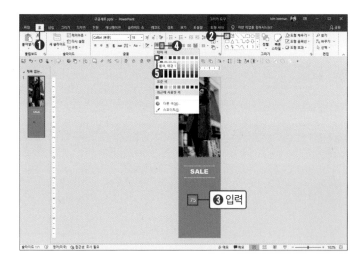

5 [그리기 도구]의 [도형 서식] 탭 – [WordArt] 그룹 – [텍스트 효과]를 클릭하고 [변환] – [휘기] 범주에서 [사각형]을 선택합니다.

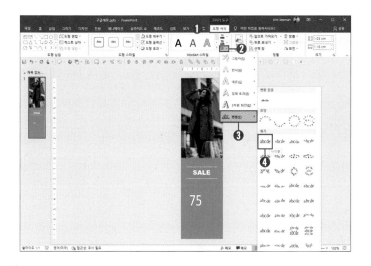

6 [홈] 탭 – [그리기] 그룹 – [텍스트 상자]를 클릭하고 텍스트 '% OFF'를 입력한 후 아래의 옵션 값으로 설정합니다.

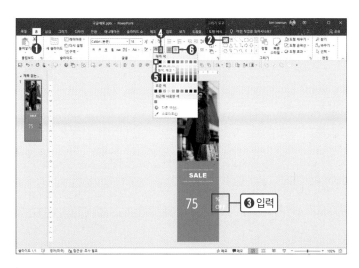

옵션 값
- **글꼴 색**: [테마 색] 범주의 '흰색, 배경 1'
- **단락**: 가운데 맞춤

💡 **TIP** 도형을 정렬할 때 빠른 실행 도구 모음에서 [개체 가운데 맞춤](🖎) 도구를 사용하면 더욱 편리합니다.

7 [홈] 탭 - [단락] 그룹 - [줄 간격]을 클릭하고 [줄 간격 옵션]을 선택하세요. [단락] 대화상자가 열리면 [들여쓰기 및 간격] 탭의 [간격] 범주에서 [줄 간격]은 '배수'로, [값]은 '0.5'로 설정한 후 [확인]을 클릭합니다.

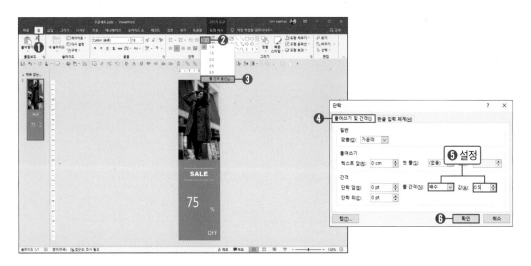

8 입력한 '%'의 너비가 'OFF'의 너비와 비슷해지도록 글꼴의 크기를 키웁니다.

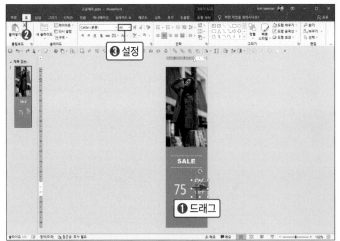

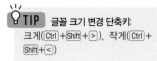

💡 **TIP** 글꼴 크기 변경 단축키:
크게([Ctrl]+[Shift]+[>]), 작게([Ctrl]+[Shift]+[<])

[9] [그리기 도구]의 [도형 서식] 탭 – [WordArt] 그룹 – [텍스트 효과]를 클릭하고 [변환] – [휘기] 범주에서 [사각형]을 선택합니다.

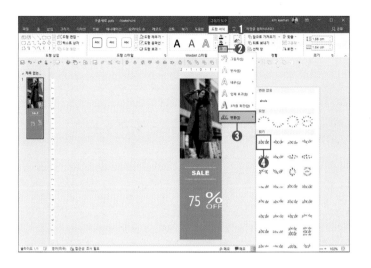

[10] 아래의 그림과 같이 텍스트 '75%'의 크기를 좀 더 크게 조정하고 '% OFF'를 배치한 후 [홈] 탭 – [그리기] 그룹 – [사각형: 둥근 모서리]를 클릭해 둥근 모서리 사각형을 삽입합니다.

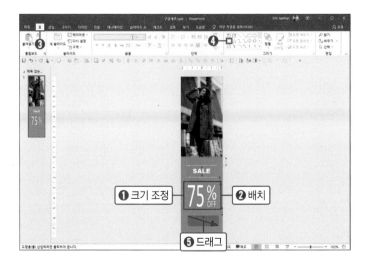

11 [그리기 도구]의 [도형 서식] 탭 – [도형 스타일] 그룹 – [도형 채우기]를 클릭하고 [채우기 없음]을 선택합니다.

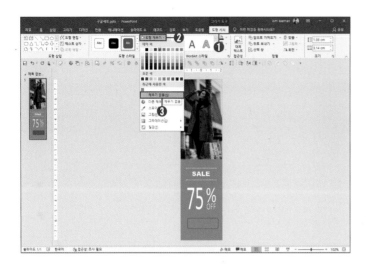

12 [그리기 도구]의 [도형 서식] 탭 – [도형 스타일] 그룹 – [도형 윤곽선]을 아래의 옵션 값으로 설정합니다.

> **옵션 값**
> • 색: [테마 색] 범주의 '흰색, 배경 1'
> • 두께: 2¼pt

13 [홈] 탭 – [그리기] 그룹 – [텍스트 상자]를 클릭하고 텍스트 '홈페이지바로가기'를 입력한 후 [글 꼴 색]을 [테마 색] 범주의 '흰색, 배경 1'로 설정합니다.

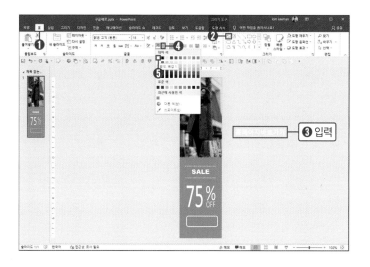

14 [그리기 도구]의 [도형 서식] 탭 – [WordArt] 그룹 – [텍스트 효과]를 클릭하고 [변환] – [휘기] 범주에서 [사각형]을 선택합니다.

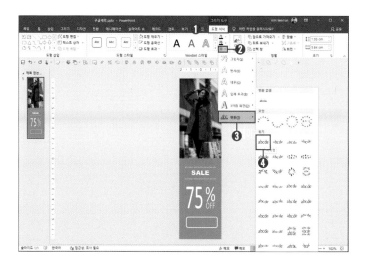

15 단추 모양의 도형에 맞게 텍스트 상자의 크기를 조절해 배치합니다.

크기 조절 → 배치

16 [파일] 탭 - [내보내기] - [파일 형식 변경]을 선택하고 [이미지 파일 형식] 범주에서 PNG 또는 JPEG 파일로 저장합니다.

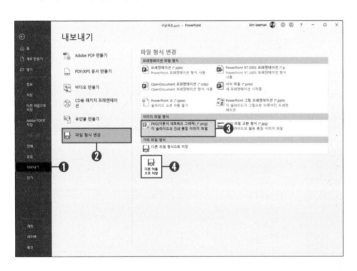

슬라이드의 크기를 조절해 다양한 크기의 구글 배너를 제작할 수 있습니다. 153쪽의 구글 배너 사이즈를 참고하세요.

Section
10

· 실습파일: 03.네이버DA.pptx   · 완성파일: 03.네이버_1250_370(완성).pptx

네이버 모바일 DA 배너를 만드는 방법을 배워보겠습니다. 네이버 배너는 가이드라인이 엄격하므로 반드시 가이드라인을 준수해서 배너를 제작해야 합니다.

핵심 기능

• 가이드라인에 맞춰 디자인하기

사용 폰트

• Noto Sans CJK KR DemiLight
• Noto Sans CJK KR Bold

사이즈

• 1250×370px

네이버 성과형 디스플레이 광고는 네이버의 다양한 지면을 활용해서 광고주가 원하는 타깃에게 광고를 노출시키는 광고 방식입니다. 스마트 채널, 네이버 메인, 서브, 밴드 앱 등 네이버의 프리미엄 지면에 표시되며 보다 세분화되고 다양한 타깃 옵션을 제공합니다. 또한 광고주의 예산과 일정에 맞춘 유연한 마케팅이 가능하다는 장점도 있습니다. 이것에 대한 자세한 내용은 '네이버 성과형 디스플레이 광고' 사이트(gfa.naver.com)를 참고하세요.

	모바일	PC
메인 광고	• 통합 스페셜 DA • 통합 스페셜 DA 프리미엄형 • 스마트 채널 • 메인 브랜딩 DA • 메인 브랜딩 DA 동영상	• 타임보드 • 롤링보드 • 롤링보드 네이티브 DA • 커플보드
서브 광고: 통합	• M통합 DA • M통합 네이티브 DA • M통합 아웃스트림 동영상 • M뷰어 네이티브 동영상 • M뉴스 본문 중간 DA	P통합 우측 배너
서브 광고: 서비스별	• 날씨 • 부동산	• 게임, 카페(모바일, PC) • 금융(모바일, PC) • 항공권/호텔(모바일, PC)

▲ 네이버 성과형 디스플레이 광고의 종류

TIP 디스플레이 광고는 'DA(Display Ad)'라고도 합니다.

네이버 성과형 디스플레이 광고는 모바일 스마트 채널, 모바일 메인, 모바일 피드 등에 게재됩니다. 이 책에서는 '스마트 채널'에 노출되는 '모바일 DA-이미지형'과 '스마트 채널 DA' 상품에 대해 알아보겠습니다.

주의 사항

❶ 가변형 배너는 장치별 해상도에 따라 사이즈가 변합니다. 따라서 반드시 노출되어야 하는 광고 카피 및 로고 영역을 포함해서 좌우로 잘릴 수 있는 여백을 고려해 이미지를 제작해야 합니다.

Section 10

❷ 배너의 좌우 240px에는 그라데이션 효과를 주지 않아야 하며 배경 및 소재 이미지를 자유롭게 사용할 수 있습니다.

❸ 일반적으로 모바일 배너는 '오브젝트(투명 배경 이미지, 로고 등)'와 '텍스트', 그리고 '배경 이미지'로 구성됩니다.

▲ 모바일 배너 사이즈 가이드라인

Step by Step

1 부록에서 제공하는 '03.네이버DA.pptx' 파일을 실행합니다. 가이드라인이 보이지 않으면 [보기] 탭 – [표시] 그룹 – [안내선]에 체크하세요.

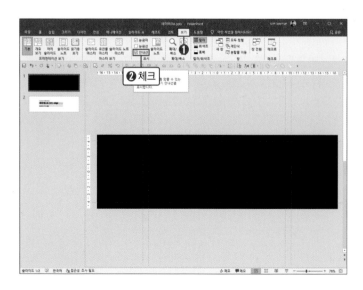

2 [삽입] 탭 – [이미지] 그룹 – [그림]을 클릭해 [그림 삽입] 대화상자를 열고 부록에서 제공하는 '네이버DA.png' 파일을 삽입합니다.

3 삽입한 그림을 안쪽 가이드라인의 오른쪽에 배치합니다. [홈] 탭 – [그리기] 그룹 – [텍스트 상자]를 클릭하고 텍스트 '새벽배송 가입 시 두부덮밥'을 입력합니다.

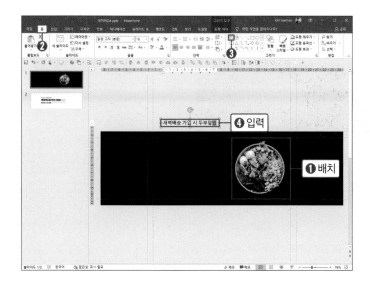

4 [홈] 탭-[글꼴] 그룹에서 [글꼴 색]은 [테마 색] 범주의 '흰색, 배경 1'로, [글꼴]은 'Noto Sans CJK KR DemiLight'로 설정합니다.

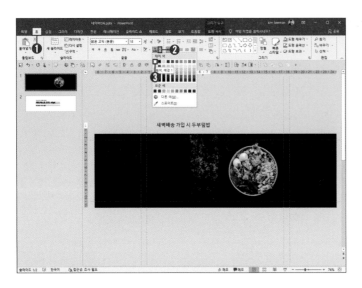

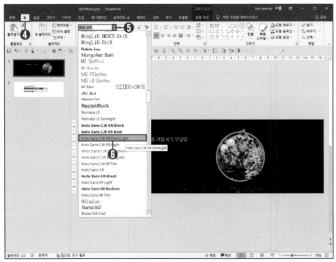

5 슬라이드의 안쪽으로 텍스트 상자를 배치한 후 굵게 처리할 텍스트인 '두부덮밥'을 드래그하여 선택합니다.

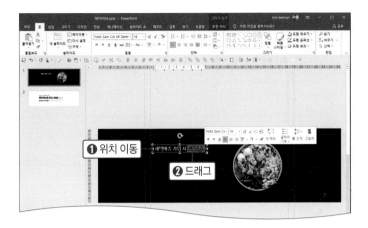

6 아래의 옵션 값으로 설정합니다.

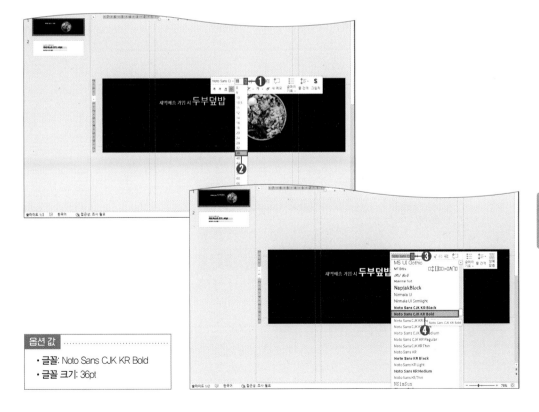

옵션 값

· 글꼴: Noto Sans CJK KR Bold
· 글꼴 크기: 36pt

7 [홈] 탭-[그리기] 그룹-[텍스트 상자]를 클릭하고 텍스트 '9,800원 100원'을 입력한 후 [글꼴 색]을 [테마 색] 범주의 '흰색, 배경 1'로 설정합니다.

8 슬라이드의 안쪽으로 텍스트 상자를 배치한 후 굵게 처리할 텍스트 '100'을 드래그하여 선택합니다.

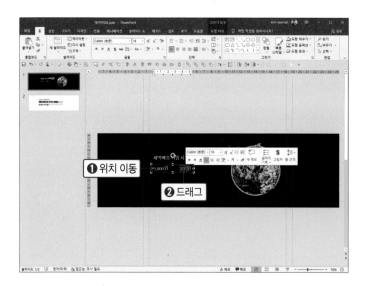

9 아래의 옵션 값으로 설정합니다.

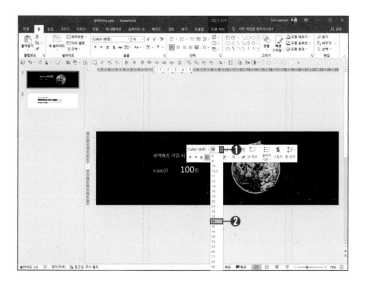

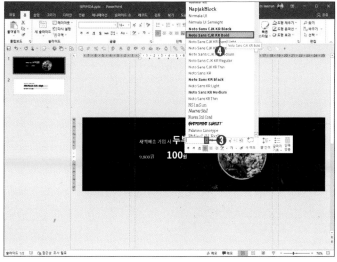

Section
10

10 [홈] 탭-[그리기] 그룹-[선 화살표]를 클릭하고 드래그해 화살표를 삽입합니다. [그리기 도구]의 [도형 서식] 탭-[도형 스타일] 그룹-[도형 윤곽선]을 클릭하고 [테마 색] 범주에서 '흰색, 배경 1'을 선택합니다.

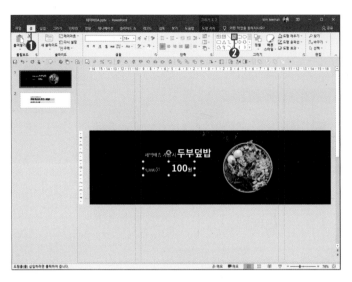

11 화살표를 아래의 그림과 같이 배치하고 [홈] 탭 – [그리기] 그룹 – [텍스트 상자]를 클릭한 후 텍스트 '1만원 이상 구매시'를 입력합니다.

12 첫 번째 텍스트 상자를 서식 복사(Ctrl + Shift + C)하고 삽입한 텍스트 상자에 서식 붙여넣기 (Ctrl + Shift + V)합니다.

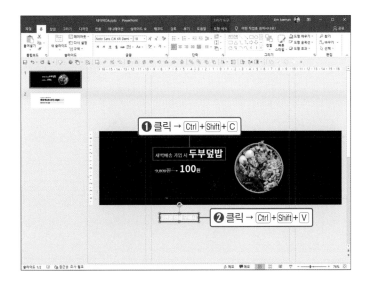

13 텍스트 상자를 아래의 그림과 같이 가이드라인의 안으로 배치해 완성합니다.

14 [파일] 탭 – [내보내기] – [파일 형식 변경]을 선택하고 [이미지 파일 형식] 범주에서 PNG 또는 JPEG 파일로 저장합니다.

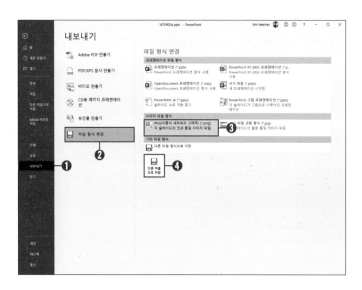

04: 네이버 디스플레이 광고 디자인하기
– 스마트 채널 DA

• 실습파일: 04.네이버스마트채널DA.pptx   • 완성파일: 04.네이버스마트채널(완성).pptx

네이버 스마트 채널 DA 배너를 만드는 방법을 배워보겠습니다. 스마트 채널에 사용하는 글꼴과 글꼴의 색상은 지정되어 있으므로 반드시 가이드라인을 준수해야 합니다.

핵심 기능

• 가이드라인에 맞춰 디자인하기

사용 폰트

• 나눔바른고딕

사이즈

• 750×160px

PREVIEW

여기여에서 커피 주문시

모든 메뉴 2,000원 할인

주의 사항

❶ 글꼴은 '산돌네오고딕(유료)'과 '나눔바른고딕'만 사용 가능합니다.

❷ 메인 카피의 색상은 '#222222', 서브 카피의 색상은 '#666666'입니다.

❸ 광고 카피는 최대 두 줄까지 쓸 수 있으며, 글꼴 크기도 정해져 있습니다. 메인 카피와 서브 카피는 각각 '30px', '26px' 높이 안에 들어가도록 설정해야 합니다.

아래는 스마트 채널 DA 제작의 여러 유형입니다.

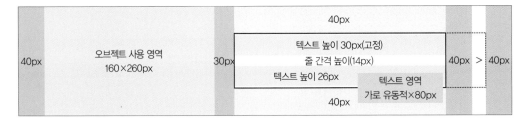

▶ Step by Step

1 부록에서 제공하는 '04.네이버스마트채널DA.pptx' 파일을 실행합니다. 가이드라인이 보이지 않으면 [보기] 탭 – [표시] 그룹 – [안내선]에 체크하세요.

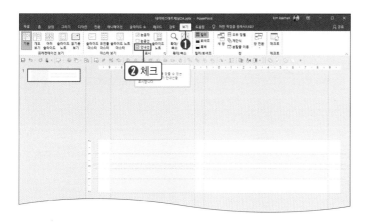

2 [삽입] 탭 – [이미지] 그룹 – [그림]을 클릭한 후 부록에서 제공하는 '네이버스마트DA.png' 파일을 삽입하고 왼쪽 가이드라인의 안쪽으로 배치합니다.

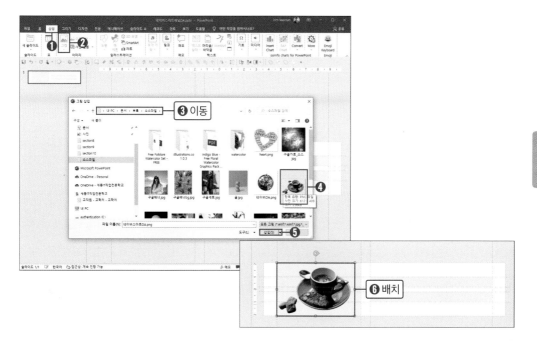

3 [홈] 탭 – [그리기] 그룹 – [텍스트 상자]를 클릭하고 텍스트 '여기여에서 커피 주문시'를 입력한 후 [홈] 탭 – [글꼴] 그룹 – [글꼴]을 '나눔바른고딕'으로 설정합니다.

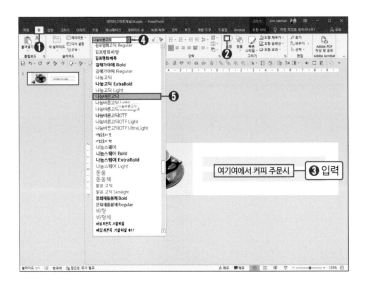

4 [홈] 탭 – [글꼴] 그룹 – [글꼴 색]을 클릭하고 [다른 색]을 클릭합니다. [색] 대화상자가 열리면 [사용자 지정] 탭에서 [육각]에 '#222222'를 입력하고 [확인]을 클릭합니다.

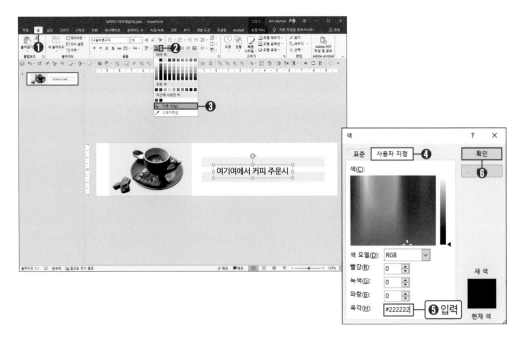

5 메인 카피 영역에 텍스트 상자를 배치합니다. [홈] 탭 – [그리기] 그룹 – [텍스트 상자]를 클릭하고 서브 카피 텍스트 상자를 삽입한 후 서브 카피 내용인 '모든 메뉴 2,000원 할인'을 입력합니다.

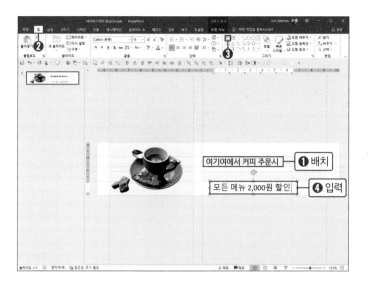

6 [홈] 탭 – [글꼴] 그룹에서 [글꼴 크기]는 '16pt'로, [글꼴]은 '나눔바른고딕'으로 설정합니다.

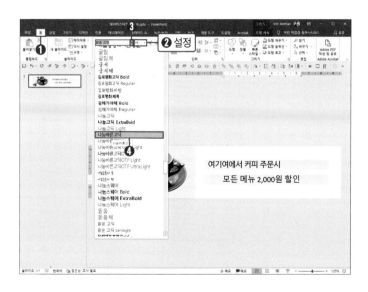

7 [홈] 탭 – [글꼴] 그룹 – [글꼴 색]을 클릭하고 [다른 색]을 선택합니다. [색] 대화상자가 열리면 [사용자 지정] 탭에서 [육각]에 '#666666'을 입력한 후 [확인]을 클릭합니다.

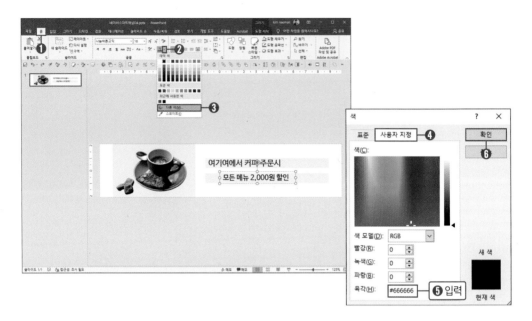

8 서브 카피 영역에 텍스트 상자를 배치하고 [홈] 탭 – [슬라이드] 그룹 – [레이아웃]을 클릭한 후 [Office 테마] 범주에서 [저장용]을 선택합니다.

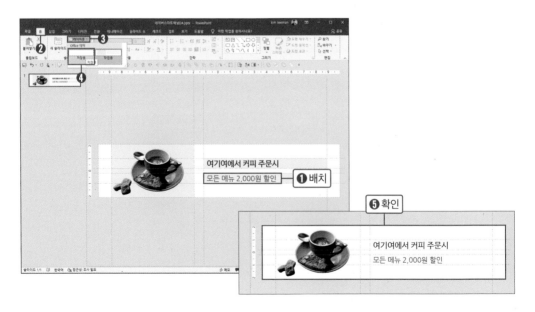

9 [파일] 탭 – [내보내기] – [파일 형식 변경]을 선택하고 [이미지 파일 형식] 범주에서 PNG 또는 JPEG 파일로 저장합니다.

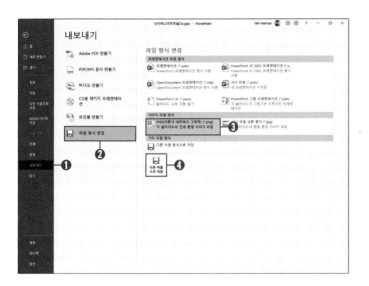

• 실습파일: 05.팝업.pptx • 완성파일: 05.팝업(완성).pptx

SVG 파일을 활용하는 방법을 익혀보겠습니다. SVG 파일은 벡터 이미지로, 확대하거나 축소해도 이미지가 깨지지 않고 파워포인트 2016 버전 이상부터 사용 가능합니다.

핵심 기능

- SVG 파일 삽입하기
- 텍스트 변환하기

사용 폰트

- Noto Sans CJK KR Bold
- Noto Sans CJK KR DemiLight

사이즈

- 500×600px

▶ Step by Step

1 부록에서 제공하는 '05.팝업.pptx' 파일을 실행하고 [삽입] 탭 – [이미지] 그룹 – [그림]을 클릭해 [그림 삽입] 대화상자를 연 후 'doctor.svg' 파일을 삽입합니다.

💡 TIP SVG(Scalable Vector Graphics) 파일은 2차원 벡터 이미지를 표현하기 위한 포맷입니다.

2 [그래픽 도구]의 [그래프 형식] 탭 – [정렬] 그룹 – [그룹화]를 클릭하고 [그룹 해제]를 선택합니다. 그리기 개체로 변환하겠는지 묻는 메시지 창이 열리면 [예]를 클릭합니다.

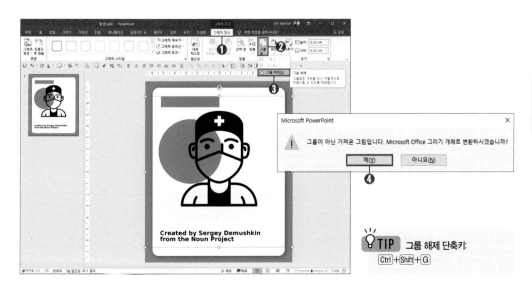

💡 TIP 그룹 해제 단축키:
Ctrl+Shift+G

Section 10

3 그리기 개체로 변환한 후 [그리기 도구]의 [도형 서식] 탭 – [정렬] 그룹 – [그룹화]를 클릭하고 [그룹 해제]를 선택합니다.

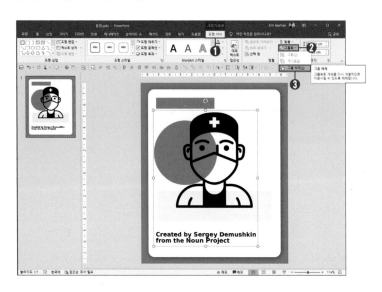

4 아래쪽 텍스트만 선택해서 삭제합니다.

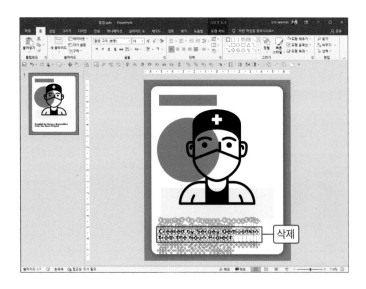

5 그림을 선택하고 [홈] 탭 – [그리기] 그룹 – [도형 채우기]를 클릭한 후 [테마 색] 범주에서 '흰색, 배경 1'을 선택합니다.

6 그림의 크기를 조절해 아래의 그림과 같이 원 부분에 배치합니다.

크기 조절 → 배치

Section
10

7 [홈] 탭 – [그리기] 그룹 – [텍스트 상자]를 클릭하고 텍스트 '가정의학과 휴무공지사항'을 입력합니다.

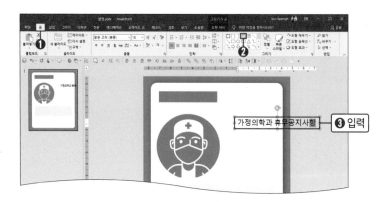

8 [홈] 탭 – [글꼴] 그룹에서 아래의 옵션 값으로 설정합니다.

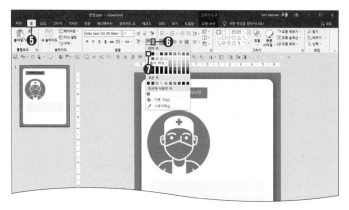

옵션 값

- **글꼴**: Noto Sans CJK KR DemiLight
- **글꼴 크기**: 11pt
- **글꼴 색**: [테마 색] 범주의 '흰색, 배경 1'

9 굵게 처리할 텍스트 '가정의학과'를 드래그하여 선택한 후 [글꼴]을 'Noto Sans CJK KR Bold'로
설정합니다.

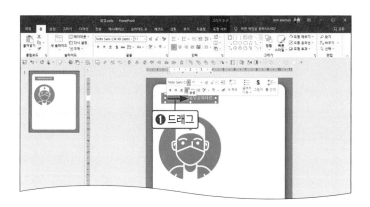

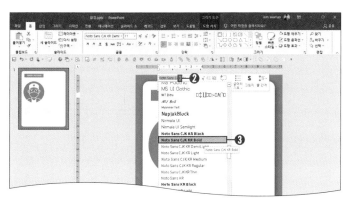

10 [홈] 탭 – [그리기] 그룹 – [텍스트 상자]를 클릭하고 텍스트 '오늘은'을 입력합니다.

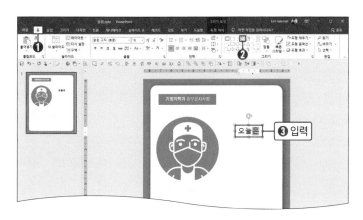

11 [홈] 탭 – [글꼴] 그룹 – [글꼴]을 'Noto Sans CJK KR DemiLight'로 설정합니다.

12 텍스트 상자를 복제(Ctrl+D)한 후 복제한 텍스트를 '입니다'로 변경하고 아래의 그림과 같이 배치합니다.

13 [홈] 탭-[그리기] 그룹-[텍스트 상자]를 클릭하고 텍스트 '휴진'을 입력한 후 [홈] 탭-[글꼴] 그룹-[글꼴]을 'Noto Sans CJK KR Bold'로 설정합니다.

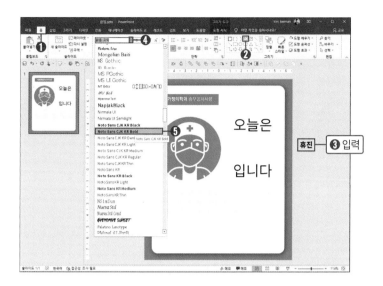

14 [홈] 탭-[글꼴] 그룹-[글꼴 색]을 클릭한 후 [스포이트]를 선택합니다.

15 마우스 포인터가 스포이트 모양(🖊)으로 바뀌면 원 부분의 녹색을 클릭합니다.

16 [그리기 도구]의 [도형 서식] 탭 – [WordArt 스타일] 그룹 – [텍스트 효과]를 클릭하고 [변환] – [휘기] 범주에서 [사각형]을 선택합니다.

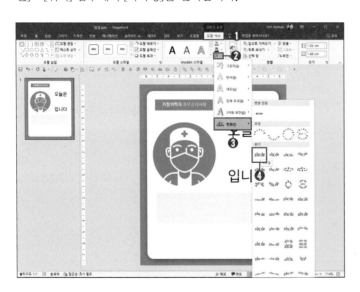

17 아래의 그림과 같이 도형의 크기를 조절해 배치하고 [홈] 탭 – [그리기] 그룹 – [텍스트 상자]를 클릭한 후 아래의 그림과 같이 텍스트를 입력합니다.

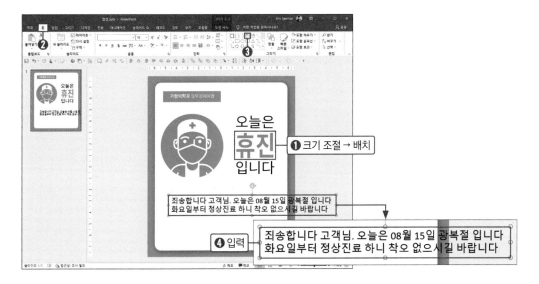

18 [홈] 탭 – [글꼴] 그룹에서 [글꼴]과 [글꼴 크기]를 아래의 옵션 값으로 설정하고 [홈] 탭 – [단락] 그룹 – [가운데 맞춤]을 클릭합니다.

옵션 값

- 글꼴: Noto Sans CJK KR DemiLight
- 글꼴 크기: 11pt

19 굵게 처리할 텍스트 '08월 15일 광복절'을 드래그하여 선택한 후 [글꼴 색]은 [최근에 사용한 색] 범주의 '녹색'으로, [글꼴]은 'Noto Sans CJK KR Bold'로 설정합니다.

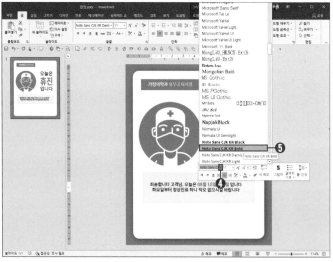

20 텍스트 '화요일부터 정상진료'도 19 과정과 같은 방법으로 굵게 처리하고 [홈] 탭 – [글꼴] 그룹 – [밑줄]을 클릭합니다.

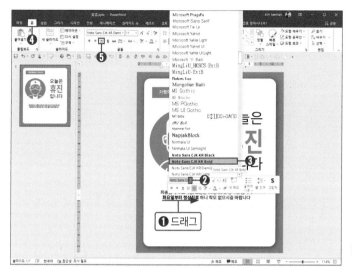

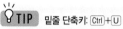

TIP 밑줄 단축키: Ctrl + U

21 [홈] 탭 – [그리기] 그룹 – [사각형: 둥근 모서리]를 클릭하고 아래의 그림과 같이 둥근 모서리 사각형을 삽입한 후 도형 조절점을 드래그해 양옆이 둥근 형태가 되도록 조절합니다.

22 [그리기 도구]의 [도형 서식] 탭 – [도형 스타일] 그룹에서 아래의 옵션 값으로 설정합니다.

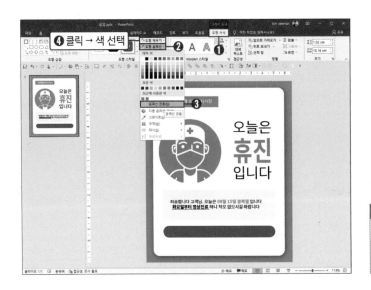

23 둥근 모서리 사각형을 복제(Ctrl+D)하고 복제한 도형의 크기를 작게 조절합니다.

24 [그리기 도구]의 [도형 서식] 탭 – [도형 스타일] 그룹 – [도형 채우기]를 클릭하고 [최근에 사용한 색] 범주에서 '녹색'을 선택한 후 아래의 그림과 같이 배치합니다.

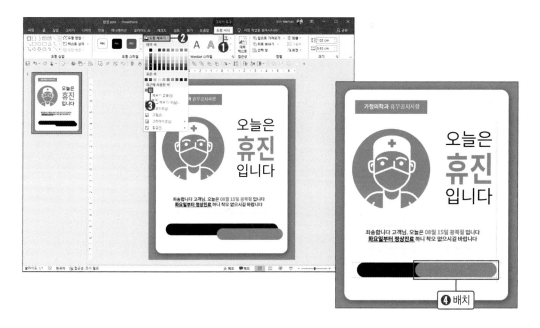

25 [홈] 탭 – [그리기] 그룹 – [텍스트 상자]를 클릭하고 텍스트 '기타문의사항'을 입력한 후 [홈] 탭 – [글꼴] 그룹 – [글꼴]을 'Noto Sans CJK KR Bold'로 설정합니다.

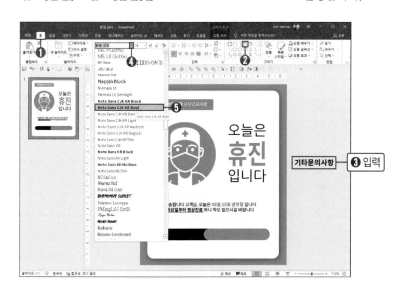

Section
10

26 [홈] 탭 – [글꼴] 그룹 – [글꼴 색]을 [테마 색] 범주의 '흰색, 배경 1'로 설정합니다.

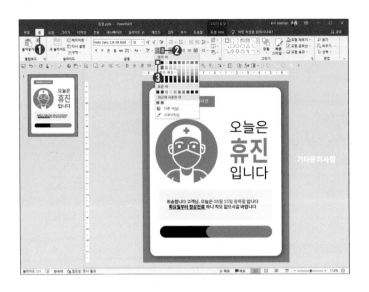

27 아래의 그림과 같이 텍스트 상자를 배치하고 복제(Ctrl+D)합니다. 복제한 텍스트를 '02–1234–5678'로 수정하고 '기타문의사항'의 오른쪽에 배치해 완성합니다.

28 [파일] 탭 – [내보내기] – [파일 형식 변경]을 선택하고 [이미지 파일 형식] 범주에서 PNG 또는 JPEG 파일로 저장합니다.

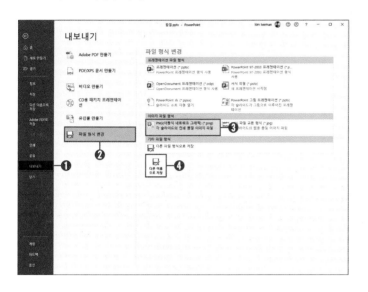

> ! 잠깐만요 ┃ **다양한 팝업 창 디자인하기**

텍스트와 도형을 활용해 다양하게 팝업 창을 디자인할 수 있습니다. 부록에서 제공하는 '팝업_500_600_예제.jpg' 파일을 참고해 팝업 창을 다양하게 디자인해 보세요.

06: 유튜브 동영상 광고 만들기

실습파일: 06.동영상.pptx　·　완성파일: 06.동영상(완성).pptx

파워포인트로 전문적인 동영상을 만들기는 어렵지만 애니메이션 기능과 모핑 기능을 활용하면 간단한 광고용 동영상을 제작할 수 있습니다. 모핑 기능은 파워포인트 2019 버전 이상부터 사용 가능합니다.

핵심 기능
- 애니메이션 활용하기
- 화면 전환 활용하기

사용 폰트
- 배달의민족 주아체

사이즈
- 640×360px

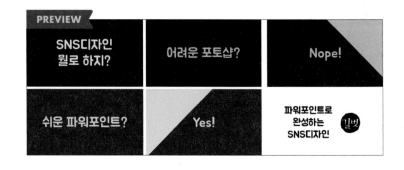

◀ 영상 강의를 보면서 예제를 따라해 보세요.

✓ Check Check

유튜브(YouTube)는 전 세계 인터넷 사용자의 30% 이상이 수백만 개의 비디오를 시청하는 영상 플랫폼입니다. 총 조회 수가 수십억 번을 기록할 만큼 파급력이 어마어마합니다.

유튜브 동영상 광고의 대표적인 네 가지 형식을 살펴봅시다.

동영상 광고 형식	기능	플랫폼	사양
	건너뛸 수 있는 동영상 광고는 재생 후 5초 후에 건너뛸 수 있습니다.	PC, 모바일, TV	동영상 플레이어에서 재생(5초 후에 건너뛸 수 있는 옵션)
	건너뛸 수 없는 동영상 광고는 모두 시청해야 선택한 동영상을 볼 수 있습니다.	PC, 모바일, TV	동영상 플레이어에서 재생, 재생 길이 12~15초
	건너뛸 수 없는 짧은 길이(최대 6초)의 동영상 광고는 광고를 시청해야 선택한 동영상을 볼 수 있습니다.	PC, 모바일, TV	동영상 플레이어에서 재생, 최대 길이 6초
	오버레이 이미지 또는 **텍스트 광고**는 동영상의 아래쪽 20% 부분에 게재될 수 있습니다.	PC	크기는 468×60px 또는 728×90px

▲ 대표적인 유튜브 동영상 광고 형식

유튜브 동영상 광고를 제작해야 하는 경우 영상 제작에 능숙하다면 문제 없지만, 전공자가 아니라면 전문가나 동영상 제작 플랫폼에 콘텐츠를 의뢰해야 할 수도 있습니다.

동영상 제작 플랫폼	URL
Magisto	magisto.com
Tyle	tyle.io
Promo	promo.com

▲ 대표적인 동영상 제작 플랫폼

이러한 광고 제작 플랫폼을 이용하려면 매월 5달러 이상의 구독료를 지불해야 합니다. 다행히 '유튜브 광고 아이디어'를 제시하는 '애니메이션'이나 '모션 그래픽'은 파워포인트로도 구현 가능합니다.

이 책에서는 파워포인트의 [애니메이션]과 [전환] – [모핑] 기능을 활용해 동영상 광고 형식 중 '범퍼 광고(Bumper AD)'라고 부르는 6초짜리 짧은 동영상 광고를 만들어 보겠습니다.

▶ Step by Step

1️⃣ 부록에서 제공하는 '06.동영상.pptx' 파일을 실행하고 1번 슬라이드에서 애니메이션을 지정하려는 텍스트 상자를 선택한 후 [그리기 도구]의 [애니메이션] 탭 – [고급 애니메이션] 그룹 – [애니메이션 추가]를 클릭하고 [추가 강조하기 효과]를 선택합니다. [강조하기 효과 추가] 대화상자가 열리면 [화려한 효과] 범주에서 [깜빡이기]를 선택하고 [확인]을 클릭합니다.

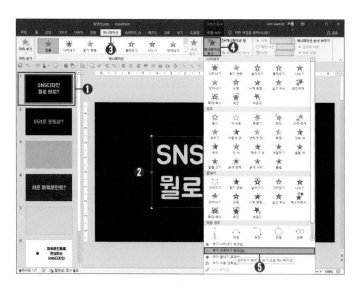

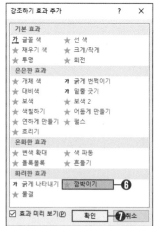

2 [애니메이션] 탭 – [고급 애니메이션] 그룹 – [애니메이션 창]을 클릭한 후 오른쪽의 [애니메이션] 창에서 'TextBox 3: SNS...'를 더블클릭합니다.

3 [깜빡이기] 창이 열리면 [타이밍] 탭에서 [시작]은 '이전 효과와 함께'로, [재생 시간]은 '0.25'초로, [반복]은 '4'로 설정합니다.

4 [슬라이드 및 개요] 창에서 2번 슬라이드를 선택하고 텍스트 상자를 선택한 후 [애니메이션] 탭 – [애니메이션] 그룹 – [닦아내기]를 클릭합니다.

5 [애니메이션] 탭 – [애니메이션] 그룹 – [효과 옵션]을 클릭하고 [방향] 범주에서 [왼쪽에서]를 선택합니다.

6 [애니메이션] 탭 – [타이밍] 그룹에서 [시작]은 '이전 효과와 함께'로, [재생 시간]은 '0.3'으로 설정합니다.

7 [슬라이드 및 개요] 창에서 3번 슬라이드를 선택한 후 슬라이드의 크기를 축소합니다. 청색 도형을 선택하고 [애니메이션] 탭 – [고급 애니메이션] 그룹 – [애니메이션 추가]를 클릭하고 [이동 경로] 범주에서 [선]을 선택합니다.

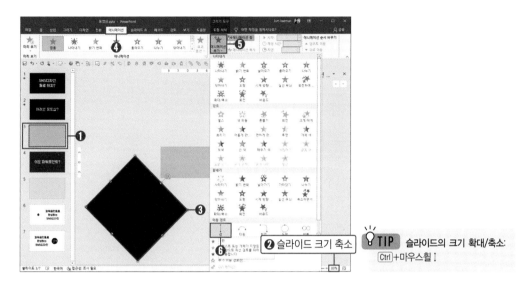

② 슬라이드 크기 축소

💡 TIP 슬라이드의 크기 확대/축소: Ctrl+마우스휠 ↕

8 붉은색 이동 경로점이 슬라이드의 중앙에 위치하도록 청색 도형을 드래그합니다.

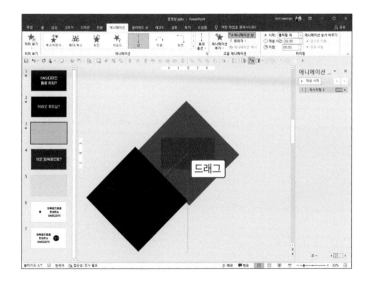

드래그

Section 10

9 [애니메이션] 탭 – [타이밍] 그룹에서 [시작]은 '이전 효과와 함께'로, [재생 시간]은 '0.3'으로 설정합니다.

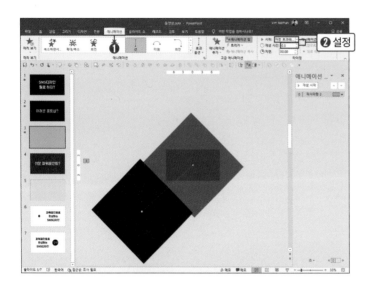

10 [슬라이드 및 개요] 창에서 4번 슬라이드를 선택하고 슬라이드의 텍스트 상자를 선택한 후 [애니메이션] 탭 – [애니메이션] 그룹 – [닦아내기]를 클릭합니다.

11 [애니메이션] 탭 – [애니메이션] 그룹 – [효과 옵션]을 클릭하고 [방향] 범주에서 [오른쪽에서]를 선택합니다.

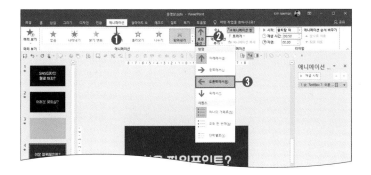

12 [애니메이션] 탭 – [타이밍] 그룹에서 [시작]은 '이전 효과와 함께'로, [재생 시간]은 '0.3'으로 설정합니다.

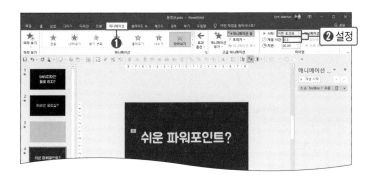

13 [슬라이드 및 개요] 창에서 5번 슬라이드를 선택하고 슬라이드의 크기를 축소한 후 붉은색 도형을 선택합니다.

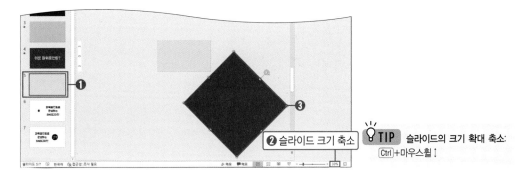

> **TIP** 슬라이드의 크기 확대 축소:
> Ctrl+마우스휠 ↕

14 [애니메이션] 탭 – [고급 애니메이션] 그룹 – [애니메이션 추가]를 클릭하고 [이동 경로] 범주에서 [선]을 선택합니다.

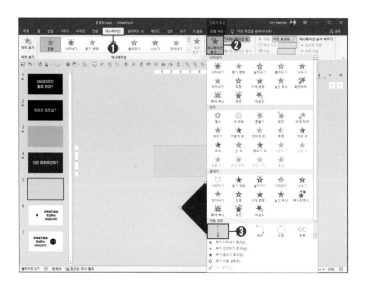

15 붉은색 이동 경로점이 슬라이드의 중앙에 위치하도록 붉은색 도형을 드래그하고 [애니메이션] 탭 – [타이밍] 그룹에서 [시작]은 '이전 효과와 함께'로, [재생 시간]은 '0.3'으로 설정합니다.

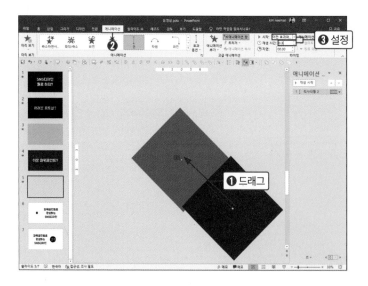

16 [슬라이드 및 개요] 창에서 7번 슬라이드를 선택하고 [전환] 탭 – [슬라이드 화면 전환] 그룹 – [모핑]을 클릭한 후 [전환] 탭 – [타이밍] 그룹 – [기간]에 '1'을 입력합니다.

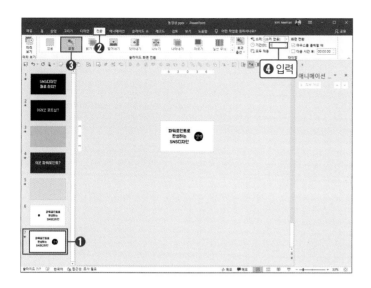

17 [파일] 탭 – [내보내기] – [비디오 만들기]를 클릭합니다. [비디오 만들기]에서 [HD(720p)]를 선택하고 [각 슬라이드에 걸린 시간(초)]은 '0'초로 설정한 후 [비디오 만들기]를 클릭해 비디오로 저장합니다.

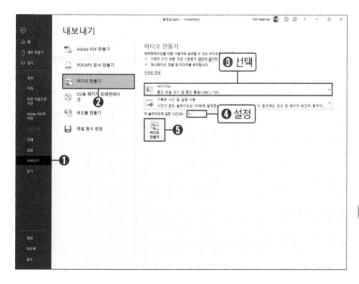

> 💡 **TIP** 동영상이 완성되는 과정은 유튜브 강의에서 확인할 수 있습니다. 206쪽의 QR 코드를 통해 유튜브 동영상 링크에 접속해 보세요.

'상세 페이지'란?

온라인 쇼핑몰에서 판매하는 제품의 형태, 스펙 등 세부적인 특징을 소비자들에게 알려주는 페이지로, 제품의 특징과 장점을 효과적으로 설명하여 구매욕을 유발시키기 위한 목적으로 제작됩니다. 상세 페이지의 핵심은 상품 정보를 담은 텍스트이므로 텍스트를 체계적으로 정리해서 디자인해야 합니다.

✓ Check Point

- 오픈마켓별 권장 사이즈 및 용량 확인하기
- 가독성 좋은 폰트 사용하기

구매율이 높아지는
상세 페이지 디자인하기

01: 상세 페이지 디자인하기 – 제품 목록형

• 실습파일: 01.상세페이지_목록형.pptx　　• 완성파일: 01.상세페이지_목록형(완성).pptx

여러 가지 제품을 한눈에 보여주는 상세 페이지를 제작해 보면서 슬라이드의 크기를 조절하는 방법과 도형을 회전하는 여러 가지 방법을 익혀보겠습니다.

핵심 기능

- 슬라이드의 레이아웃 변경하기
- 이미지의 크기 조절하기
- 도형 회전하기

사용 폰트

- Noto Sans CJK KR Medium
- Noto Sans CJK KR Bold

사이즈

- 860×1500px

▲ 상품 인트로 페이지

▲ 상품 목록 페이지

▲ 상품 상세 페이지

✓ Check Check

오픈마켓별로 권장하는 상세 페이지의 사이즈가 다릅니다. 따라서 상세 페이지를 제작하기 전에 각 플랫폼에서 제시하고 있는 사이즈를 반드시 확인해야 합니다.

	네이버	쿠팡	옥션/G마켓	11번가	위메프
가로(px)	860	780	860	800	758
세로(px)	제한 없음	5,000	4,000	용량에 맞춰 길이 조절	5,000
용량(MB)	20	3	10	1	1

▲ 마켓별 상세 페이지 사이즈(이미지 1장당 용량)

▶ Step by Step

1 부록에서 제공하는 '01.상세페이지.pptx' 파일을 실행하고 '그림을 추가하려면 아이콘을 클릭하십시오' 영역의 아이콘을 클릭합니다.

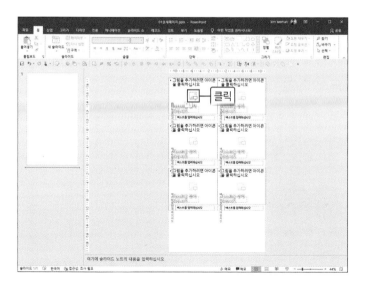

2 [그림 삽입] 대화상자가 열리면 부록에서 제공하는 '상세01.jpg' 파일을 삽입합니다.

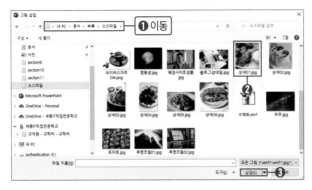

3 이와 같은 방법으로 나머지 부분에도 '상세02.jpg'부터 '상세06.jpg'까지 그림을 차례대로 추가합니다.

4 아래의 그림과 같이 주황색 텍스트 상자에 숫자를 '01'부터 '06'까지 차례대로 입력하고 텍스트 상자에 제품명과 칼로리(kcal)도 입력합니다.

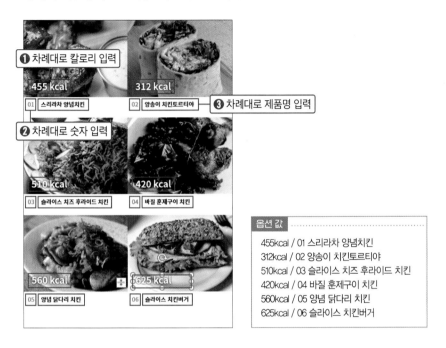

옵션 값
455kcal / 01 스리라차 양념치킨
312kcal / 02 양송이 치킨토르티야
510kcal / 03 슬라이스 치즈 후라이드 치킨
420kcal / 04 바질 훈제구이 치킨
560kcal / 05 양념 닭다리 치킨
625kcal / 06 슬라이스 치킨버거

5 [슬라이드 및 개요] 창에서 마우스 오른쪽 단추를 클릭하고 바로 가기 메뉴에서 [새 슬라이드]를 선택합니다.

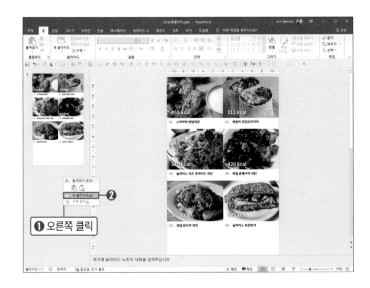

6 새 슬라이드가 삽입되었으면 '그림을 추가하려면 아이콘을 클릭하십시오' 영역의 아이콘을 클릭합니다.

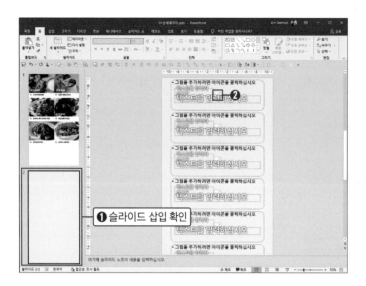

7 [그림 삽입] 대화상자가 열리면 부록에서 제공하는 '상세01.jpg' 파일을 삽입합니다.

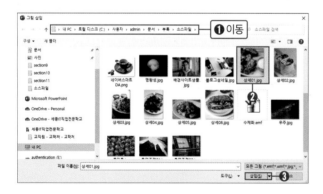

8 이와 같은 방법으로 나머지 부분에도 '상세02.jpg' 파일부터 '상세06.jpg' 파일까지 그림을 차례 대로 추가합니다.

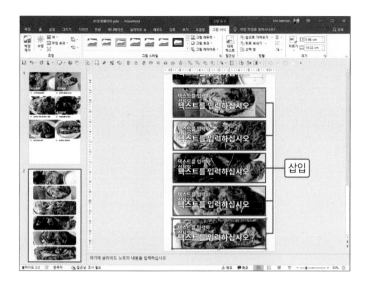

9 아래의 그림과 같이 텍스트 상자에 텍스트를 입력하고 [슬라이드 및 개요] 창에서 마우스 오른 쪽 단추를 클릭한 후 바로 가기 메뉴에서 [새 슬라이드]를 선택합니다.

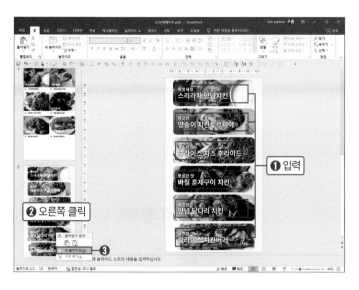

옵션 값

매콤새콤 스리라차 양념치킨
향긋한 양송이 치킨토르티야
고소한 슬라이스 치즈 후라이드 치킨
풍성한 맛 바질 훈제구이 치킨
매콤달콤 양념 닭다리 치킨
담백한 슬라이스 치킨버거

10 새 슬라이드가 삽입되었으면 [홈] 탭 – [슬라이드] 그룹 – [레이아웃]을 클릭하고 [Office 테마] 범주에서 [상세]를 선택합니다.

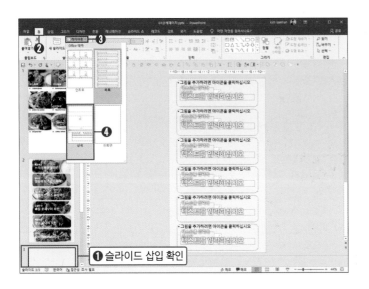

11 '그림을 추가하려면 아이콘을 클릭하십시오' 영역의 아이콘을 클릭하고 '상세01.jpg' 파일을 삽입합니다.

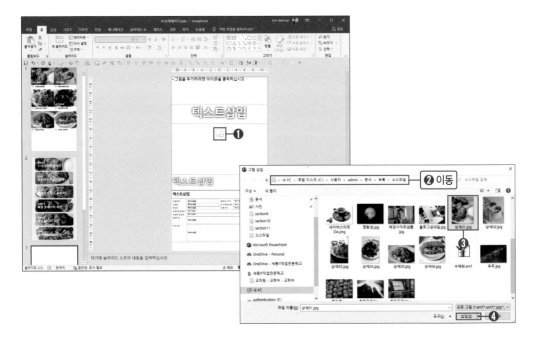

12 아래의 그림과 같이 텍스트 '455 kcal'를 입력합니다.

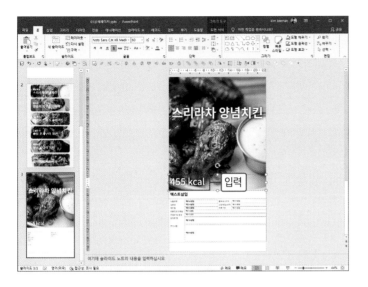

13 슬라이드의 크기를 확대(- ──┼── + 75%)한 후 아래의 그림과 같이 내용을 입력합니다.

14 [파일] 탭 – [내보내기] – [파일 형식 변경]을 선택하고 [이미지 파일 형식] 범주에서 PNG 또는 JPEG 파일로 저장합니다.

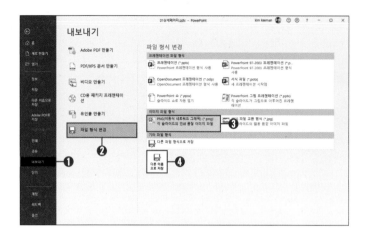

✓ Check Check

1 주력 상품을 강조하기 위해 'NEW!' 또는 'HIT!'와 같은 아이콘을 만들어 보겠습니다. 1번 슬라이드에서 [홈] 탭 – [그리기] 그룹 – [자세히] 단추(⏷)를 클릭하고 [별 및 현수막] 범주에서 [별: 꼭짓점 10개]를 선택합니다.

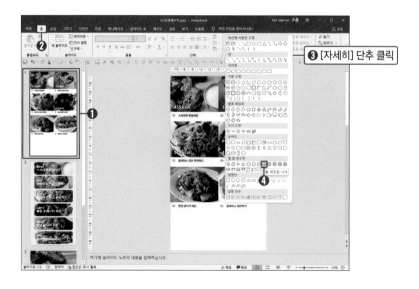

2 슬라이드에서 드래그하여 꼭짓점이 열 개인 별 도형을 삽입하고 [그리기 도구]의 [도형 서식] 탭 – [도형 스타일] 그룹 – [도형 윤곽선]은 [윤곽선 없음]으로, [도형 채우기]는 [표준 색] 범주에서 '진한 빨강'을 선택합니다.

3 별 도형에서 마우스 오른쪽 단추를 클릭하고 바로 가기 메뉴에서 [도형 서식]을 선택합니다.

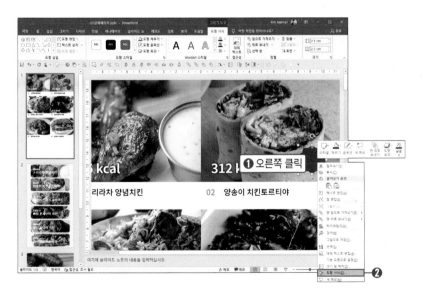

4 [도형 서식] 창에서 [도형 옵션] – [크기 및 속성]의 [텍스트 상자] 범주에서 여백을 모두 '0cm'로 설정한 후 [도형 서식] 창을 닫습니다.

5 별 도형에 텍스트 'NEW!'를 입력합니다.

6 도형의 회전 핸들을 드래그해 도형을 왼쪽으로 회전합니다.

TIP 도형을 회전하는 다양한 방법은 230쪽에서 확인하세요.

7 다른 항목에도 도형을 삽입하기 위해 도형을 복제(Ctrl+D)한 후 아래의 그림과 같이 정렬선에 맞춰 배치합니다. 원한다면 텍스트를 변경해도 좋습니다.

방법1 회전 핸들 이용하기

도형을 선택하면 위쪽에 회전 핸들( )이 나타나는데, 회전 핸들을 드래그하면 마우스를 이동하는 방향대로 도형이 회전합니다. 그리고 Shift 키를 누른 상태에서 드래그하면 정확히 15도씩 회전합니다.

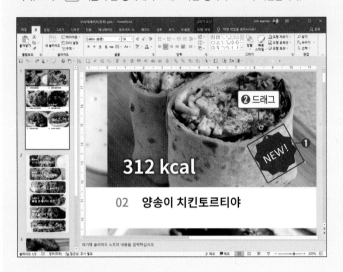

방법2 리본 메뉴 이용하기

도형을 선택하고 [그리기 도구]의 [도형 서식] 탭 – [정렬] 그룹 – [회전]을 클릭하면 도형을 상하좌우 대칭으로 회전하거나 오른쪽 또는 왼쪽으로 90도 회전할 수 있습니다.

도형을 선택하고 Alt +좌우 화살표키(→, ←)를 이용하면 좌우로 15도씩 회전할 수 있습니다.

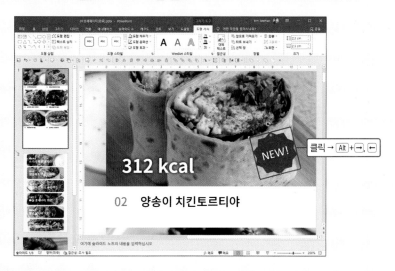

도형을 선택하고 [그리기 도구]의 [도형 서식] 탭 – [정렬] 그룹 – [회전]을 클릭하고 [기타 회전 옵션]을 선택합니다.

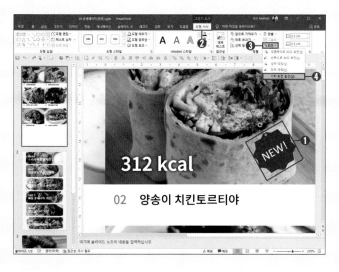

[도형 서식] 창의 [도형 옵션]-[크기 및 속성]을 클릭하고 [크기] 범주에서 [회전]에 값을 입력해 세밀하게 도형을 회전시킬 수 있습니다.

✓ Check Check

1 226쪽의 **14** 과정과 같이 슬라이드를 내보내기한 경우 1번 슬라이드에서는 아래쪽에 여백이 생기므로 이미지의 아래쪽 부분을 삭제해 봅시다. 새로운 슬라이드를 추가하고 [홈] 탭-[슬라이드] 그룹-[레이아웃]을 클릭한 후 [Office 테마] 범주에서 [빈화면]을 선택합니다.

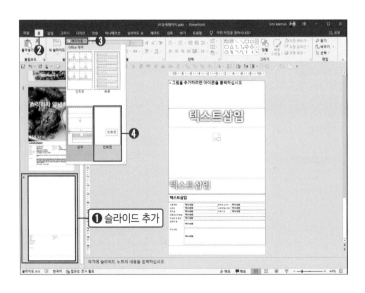

2 크기를 조절할 이미지를 차례대로 삽입하고 [그림 도구]의 [그림 서식] 탭 – [크기] 그룹 – [자르기]를 클릭한 후 [자르기]를 선택합니다.

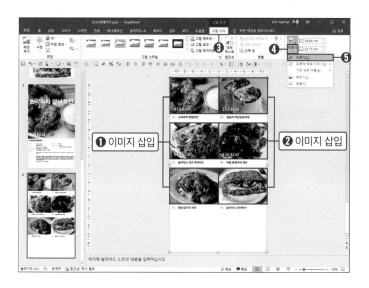

3 자르기 핸들을 드래그해 불필요한 부분을 잘라냅니다.

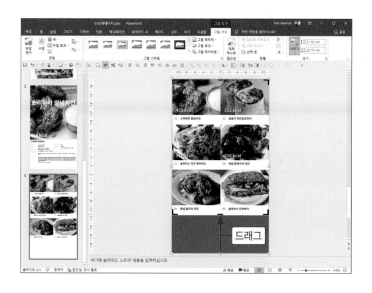

4 그림에서 마우스 오른쪽 단추를 클릭하고 바로 가기 메뉴에서 [그림으로 저장]을 선택합니다.

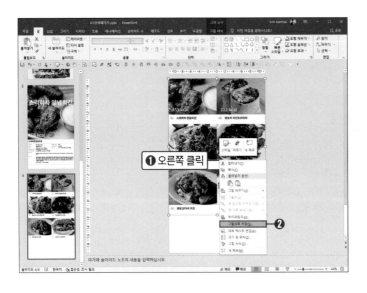

> **! 잠깐만요 | 필요한 부분만 그림으로 저장하는 또 다른 방법**

1번 슬라이드에서 전체 선택(Ctrl+A)하고 그림에서 마우스 오른쪽 단추를 클릭한 후 바로 가기 메뉴에서 [그림으로 저장]을 선택해도 필요한 부분만 그림으로 저장할 수 있습니다.

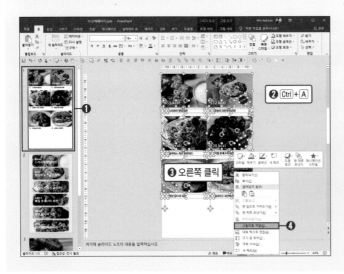

• 실습파일: 02.상세페이지_정보형.pptx • 완성파일: 02.상세페이지_정보형(완성).pptx

제품의 정보를 자세히 설명하는 상세 페이지를 디자인하고 파워포인트의 표 기능을 활용해 배송 및 교환 안내 페이지를 제작해 보겠습니다.

핵심 기능

• 자동 고침 옵션 활용하기
• 새로운 도형 만들기
• 표 디자인하기

사용 폰트

• Noto Sans CJK KR Black
• Noto Sans CJK KR DemiLight

사이즈

• 860×1500px

▲ 제품 인트로 페이지

▲ 제품 설명 페이지

▲ 제품 기능 페이지

▲ 제품 사양 페이지

▲ 배송 및 반품/교환 안내 페이지

Section **11**

▶ Step by Step

1 부록에서 제공하는 '02.상세페이지_정보형.pptx' 파일을 실행하고 1번 슬라이드에서 '그림을 추가하려면 아이콘을 클릭하십시오' 영역의 아이콘을 클릭합니다. [그림 삽입] 대화상자가 열리면 'boss05.jpg' 파일을 선택하고 [삽입]을 클릭하세요.

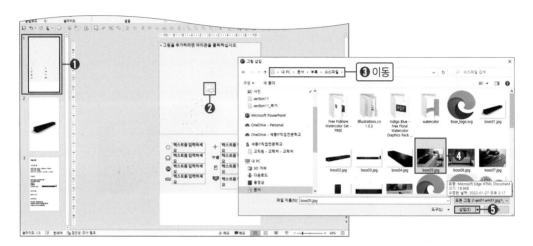

2 [홈] 탭 – [그리기] 그룹 – [텍스트 상자]를 클릭하고 제품명 'Bass Smart Soundbar 300'을 입력합니다. 글꼴을 아래의 옵션 값으로 설정하고 이미지 위에 배치합니다.

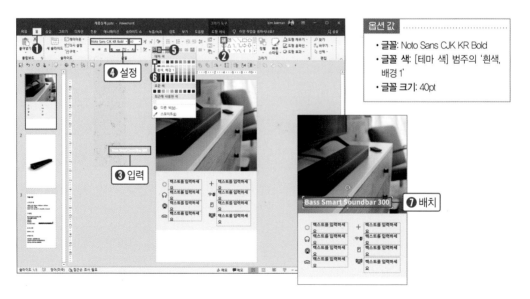

옵션 값
- 글꼴: Noto Sans CJK KR Bold
- 글꼴 색: [테마 색] 범주의 '흰색, 배경 1'
- 글꼴 크기: 40pt

3 '텍스트를 입력하세요' 영역을 클릭하고 아래의 그림과 같이 내용을 입력합니다.

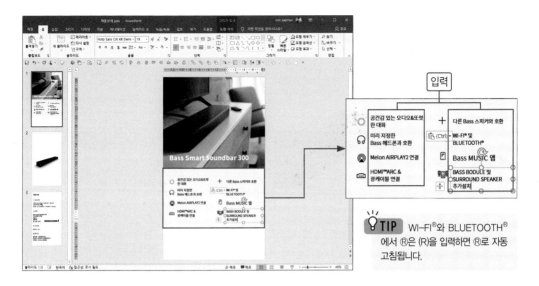

TIP WI-FI®와 BLUETOOTH® 에서 ®은 (R)을 입력하면 ®로 자동 고침됩니다.

4 [슬라이드 및 개요] 창에서 1번과 2번 슬라이드 사이를 클릭한 후 [홈] 탭 – [슬라이드] 그 룹 – [새 슬라이드]를 클릭하고 [Office 테마] 범주에서 [제품설명]을 선택하세요.

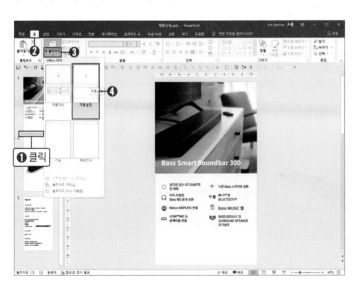

Section
11

5 새 슬라이드가 삽입되었으면 슬라이드 아래쪽의 '텍스트를 입력하세요' 영역과 '내용을 입력하세요' 영역에 아래의 그림과 같이 내용을 입력합니다.

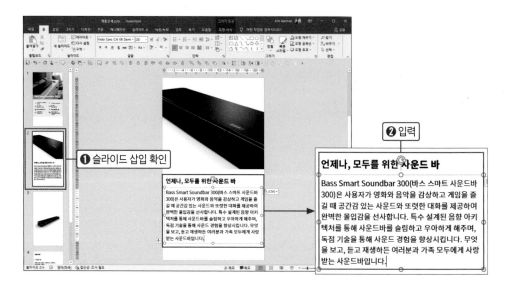

6 3번 슬라이드로 이동해서 '텍스트를 입력하세요' 영역에 '주요 기능 소개'를 입력합니다.

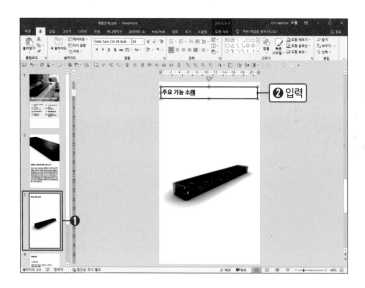

7 [홈] 탭 – [그리기] 그룹 – [타원]을 클릭하여 타원을 그립니다.

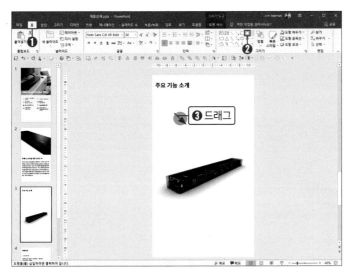

💡TIP Shift 를 누른 상태에서 드래 그하면 지름의 길이가 모두 동일한 정원으로 삽입됩니다.

8 [그리기 도구]의 [도형 서식] 탭 – [도형 스타일] 그룹에서 아래의 옵션 값으로 설정합니다.

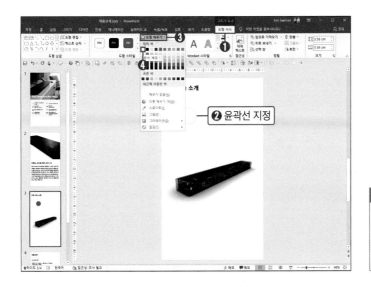

옵션 값
- **도형 윤곽선**: [테마 색] 범주의 '흰 색, 배경 1, 25% 더 어둡게'
- **도형 채우기**: [테마 색] 범주의 '흰 색, 배경 1'

Section
11

9 [홈] 탭-[그리기] 그룹-[자세히] 단추(▼)를 클릭하고 [수식 도형] 범주에서 [더하기 기호]를 클릭합니다.

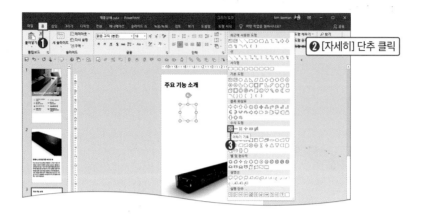

10 슬라이드에 더하기 기호를 삽입하고 [그리기 도구]의 [도형 서식] 탭-[도형 스타일] 그룹에서 아래의 옵션 값으로 설정합니다.

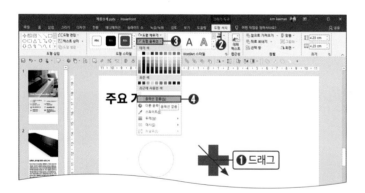

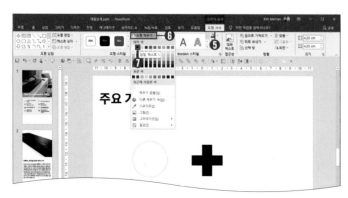

옵션 값

- **도형 윤곽선**: 윤곽선 없음
- **도형 채우기**: [테마 색] 범주의 '검정, 텍스트 1'

11 도형 조절점을 이용해 더하기 기호 도형의 굵기를 조절한 후 원 도형의 위에 배치합니다.

💡 **TIP** Shift를 누른 상태에서 크기를 조절하면 비율을 일정하게 유지할 수 있습니다.

12 Shift를 이용해 원 도형과 기호 도형을 함께 선택하고 [그리기 도구]의 [도형 서식] 탭 – [정렬] 그룹 – [그룹화]를 클릭한 후 [그룹]을 선택합니다.

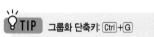

TIP 그룹화 단축키: Ctrl + G

13 [그리기 도구]의 [도형 서식] 탭 – [크기] 그룹에서 [도형 높이]와 [도형 너비]를 모두 '1.2cm'로 설정합니다.

14 그룹화된 도형을 Ctrl + D 를 눌러 여러 개 복제한 후 아래의 그림과 같이 이미지의 위에 배치합니다.

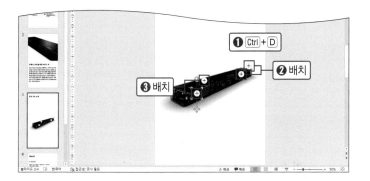

15 [홈] 탭 – [그리기] 그룹 – [텍스트 상자]를 클릭하고 제품의 특징인 텍스트 '컴팩트한 사이즈'를 입력합니다. [텍스트 상자]를 하나 더 삽입하고 보충 설명을 입력한 후 [글꼴]은 각각 'Noto Sans CJK KR Bold'와 'Noto Sans CJK KR DemiLight'로 설정합니다.

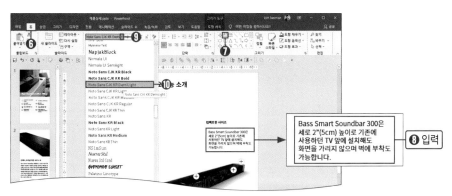

16 [홈] 탭 – [그리기] 그룹 – [직사각형]을 클릭하여 텍스트의 위에 직사각형을 삽입하고 [그리기 도구]의 [도형 서식] 탭–[도형 스타일] 그룹에서 아래의 옵션 값으로 설정하세요.

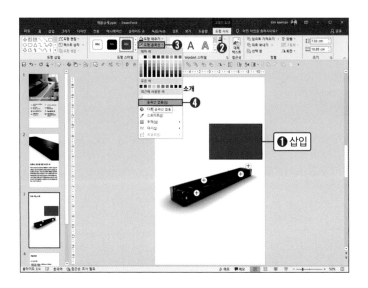

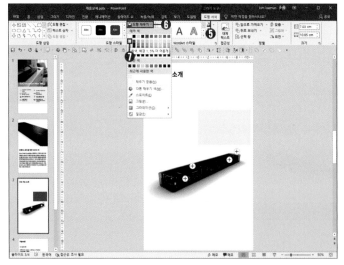

<table>
<tr><td>옵션 값</td></tr>
<tr><td>• 도형 윤곽선: 윤곽선 없음</td></tr>
<tr><td>• 도형 채우기: [테마 색] 범주의 '흰색, 배경 1, 5% 더 어둡게'</td></tr>
</table>

17 [그리기 도구]의 [도형 서식] 탭 – [정렬] 그룹 – [뒤로 보내기]를 클릭하고 [맨 뒤로 보내기]를 선택합니다. 그러면 직사각형 뒤에 가려졌던 텍스트가 나타납니다.

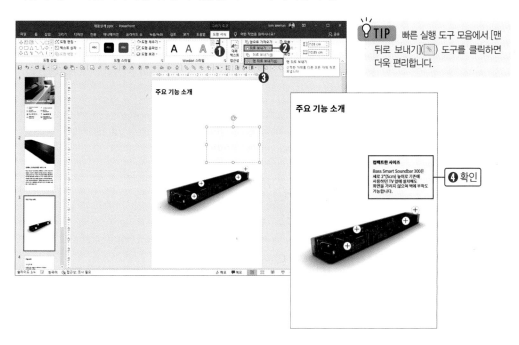

TIP 빠른 실행 도구 모음에서 [맨 뒤로 보내기]( ) 도구를 클릭하면 더욱 편리합니다.

18 [홈] 탭 – [그리기] 그룹 – [자세히] 단추( )를 클릭하고 [선] 범주에서 [자유형: 도형]을 클릭합니다.

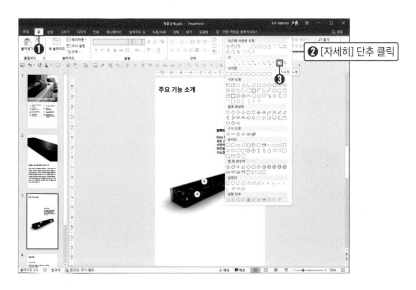

19 더하기 기호에서 시작해서 직사각형의 왼쪽 아래 꼭짓점으로 이어지는 'ㄱ' 모양의 선을 그리려고 합니다. Shift를 누른 상태에서 더하기 기호를 클릭해 도형 그리기를 시작하고 도형이 꺾이는 지점에서 한 번 클릭한 후 마무리할 지점에서 더블클릭하여 도형을 완성합니다.

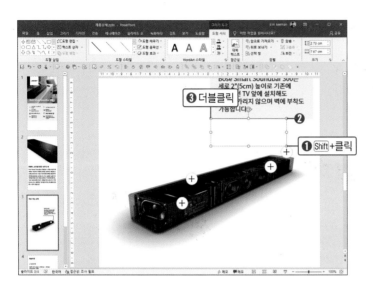

20 [그리기 도구]의 [도형 서식] 탭-[도형 스타일] 그룹-[도형 윤곽선]을 클릭하고 [테마 색] 범주에서 '흰색, 배경 1, 50% 더 어둡게'를 선택합니다.

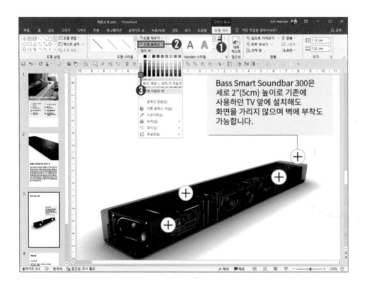

21 [그리기 도구]의 [도형 서식] 탭 – [도형 스타일] 그룹 – [도형 윤곽선]을 클릭하고 [두께]는 [2¼pt]로, [대시]는 [둥근 점선]으로 선택합니다.

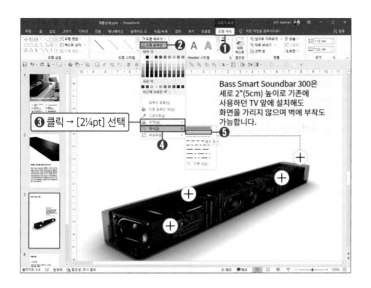

22 15 ~ 21 과정을 반복해 아래의 그림과 같이 텍스트와 도형을 삽입합니다.

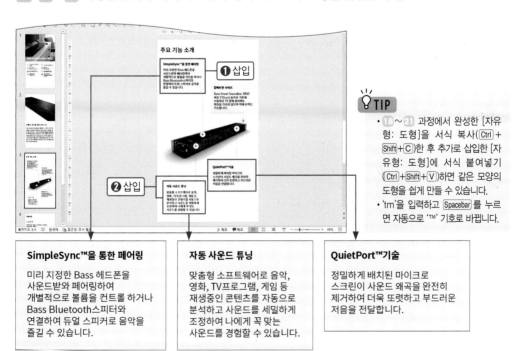

🔆TIP

- 18 ~ 21 과정에서 완성한 [자유형: 도형]을 서식 복사(Ctrl + Shift + C)한 후 추가로 삽입한 [자유형: 도형]에 서식 붙여넣기 (Ctrl + Shift + V)하면 같은 모양의 도형을 쉽게 만들 수 있습니다.
- 'tm'을 입력하고 Spacebar 를 누르면 자동으로 'TM' 기호로 바뀝니다.

SimpleSync™을 통한 페어링

미리 지정한 Bass 헤드폰을 사운드바와 페어링하여 개별적으로 볼륨을 컨트롤 하거나 Bass Bluetooth스피터와 연결하여 듀얼 스피커로 음악을 즐길 수 있습니다.

자동 사운드 튜닝

맞춤형 소프트웨어로 음악, 영화, TV프로그램, 게임 등 재생중인 콘텐츠를 자동으로 분석하고 사운드를 세밀하게 조정하여 나에게 꼭 맞는 사운드를 경험할 수 있습니다.

QuietPort™기술

정밀하게 배치된 마이크로 스크린이 사운드 왜곡을 완전히 제거하여 더욱 또렷하고 부드러운 저음을 전달합니다.

[홈] 탭-[슬라이드] 그룹-[새 슬라이드]를 클릭하고 [Office 테마] 범주에서 [제품 설명]을 선택하면 제품의 특징을 설명할 수 있는 상세 페이지 템플릿이 나타납니다. 템플릿에 텍스트와 이미지를 채워 넣어 상세 페이지를 완성해 보세요.

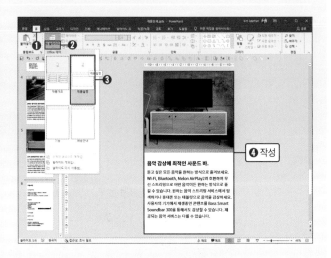

23 정보 페이지를 만들어 보겠습니다. [슬라이드 및 개요] 창에서 마지막 슬라이드의 아래쪽을 클릭하고 [홈] 탭-[슬라이드] 그룹-[새 슬라이드]를 클릭한 후 [Office 테마] 범주에서 [배송안내]를 클릭합니다.

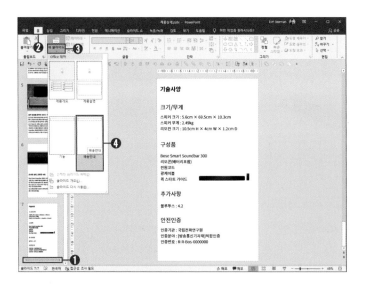

24 새 슬라이드가 삽입되었으면 '텍스트를 입력하세요' 영역에 텍스트 '배송 및 반품/교환 안내'를 입력한 후 [삽입] 탭 – [표] 그룹에서 '2×4' 표를 삽입합니다.

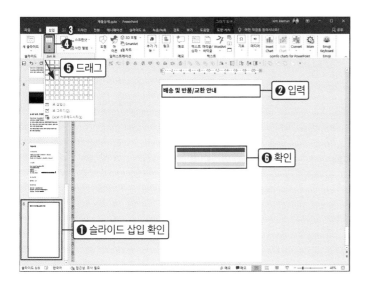

25 [표 도구]의 [테이블 디자인] 탭 – [표 스타일 옵션] 그룹에서 [머리글 행], [줄무늬 행]의 체크 해제하고 [첫째 열]에 체크한 후 [표 스타일] 그룹에서 왼쪽 첫 번째 스타일을 선택합니다.

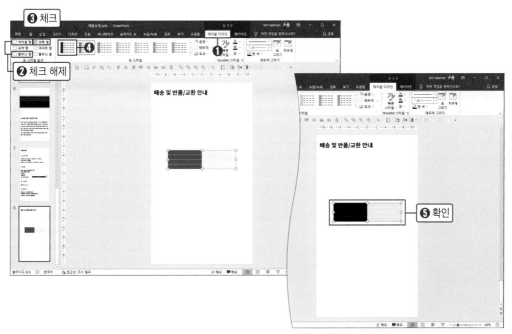

26 왼쪽 열을 위에서 아래로 드래그하여 모두 선택하고 선택 영역에서 마우스 오른쪽 단추를 클릭한 후 바로 가기 메뉴에서 [글꼴]을 'Noto Sans CJK KR Black'으로 설정합니다.

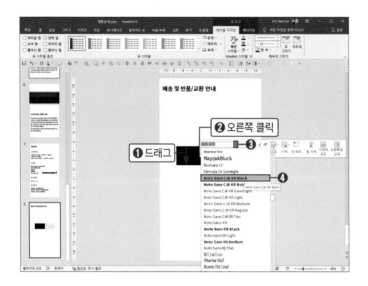

27 이와 같은 방법으로 오른쪽 열은 [글꼴]을 'Noto Sans CJK KR DemiLight'로 설정하세요.

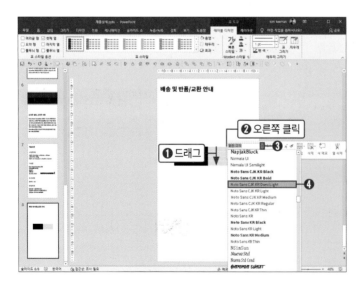

28 표를 선택하고 마우스 오른쪽 단추를 클릭한 후 바로 가기 메뉴에서 [도형 서식]을 선택합니다.

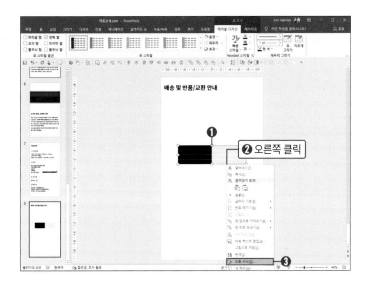

29 [도형 서식] 창이 열리면 [도형 옵션] – [크기 및 속성]을 클릭하고 [텍스트 상자] 범주에서 여백을 모두 '0.5cm'로 설정합니다.

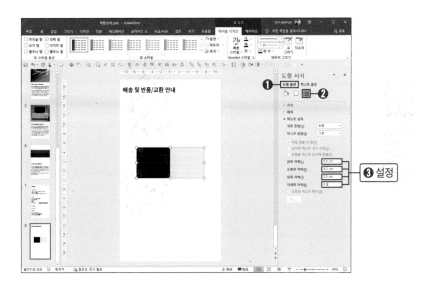

30 [홈] 탭 – [단락] 그룹 – [텍스트 맞춤]을 클릭하고 [중간]을 선택합니다.

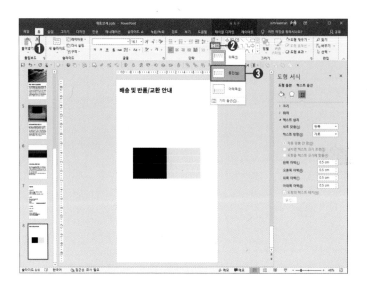

31 내용을 입력합니다.

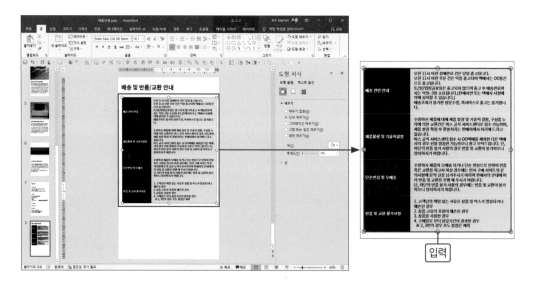

입력

32 [파일] 탭 - [내보내기] - [파일 형식 변경]을 선택하고 [이미지 파일 형식] 범주에서 PNG 또는 JPEG 파일로 저장합니다.

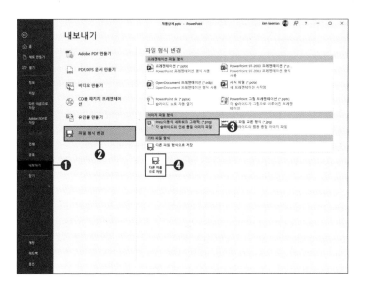

'인쇄물'이란?

인쇄의 역사는 굳이 설명이 필요 없을 정도로 매우 오래되었습니다. 웹 마케팅의 비중이 높아지면서 인쇄물은 중요성이 다소 감소하는 추세지만, 아직도 빼놓을 수 없는 중요한 홍보 수단으로 활용되고 있습니다. 디자이너를 고용하지 않은 소상공인 및 중소기업에서 파워포인트를 이용해 홍보물을 제작하면 비용을 크게 줄일 수 있습니다.

✓ Check Point

- 인쇄물의 종류에 맞는 결과물의 사이즈 확인하기
- 재단선과 안전선 고려하기

눈길을 확 끄는
인쇄물 디자인하기

01: 전단지 만들기

• 실습파일: 01.전단지.pptx   • 완성파일: 01.전단지(완성).pptx

방사형 집중선을 활용하면 잠재 고객에게 메시지를 효과적으로 전달할 수 있습니다. 무료 제공 이미지를 활용해 간단하게 전단지를 디자인해 보겠습니다.

핵심 기능

• 이미지의 크기 조절하기
• 텍스트 효과 사용하기

사용 폰트

• 배달의민족 주아체
• Noto Sans CJK KR Medium

사이즈

• 30×21.3cm(A4)

✓ **Check Check**

인쇄물을 오류 없이 디자인하려면 재단선과 작업선에 유의해야 합니다. 인쇄물을 잘라내는 재단 과정에서 가장자리 3mm 내외로 유실될 수 있기 때문에 사방 3mm의 여유를 두고 디자인해야 합니다.

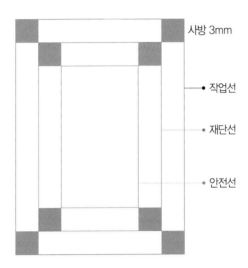

작업선(실제 원하는 작업물 사이즈 + 사방 3mm)

실제 원하는 사이즈에 재단 시 잘려 나갈 부분을 더한 크기의 선입니다. 업체에 따라 자르는 정도가 다르지만, 일반적으로 3mm 이내의 범위라고 생각하면 됩니다(명함은 2mm). 재단선에 딱 맞춰 디자인하면 완성 출력물의 배경이 잘려 나갈 수 있으므로 바탕색과 바탕 이미지는 작업선을 기준으로 작업해야 합니다.

재단선(실제 원하는 작업물 사이즈)

재단선은 제작 과정에서 인쇄물이 오려지는 선으로, 원하는 작업물의 완성 사이즈와 같습니다.

안전선(재단선 안쪽 사방 3mm)

글씨나 이미지가 재단선에 너무 가까이 위치하면 잘려 나갈 수 있으므로 중요한 내용은 재단선 안쪽을 기준으로 사방 3mm 안에서 배치하는 것이 안전합니다.

1 부록에서 제공하는 '01.전단지.pptx' 파일을 실행하고 [삽입] 탭 - [이미지] 그룹 - [그림]을 클릭해 '집중선.png' 파일을 삽입합니다.

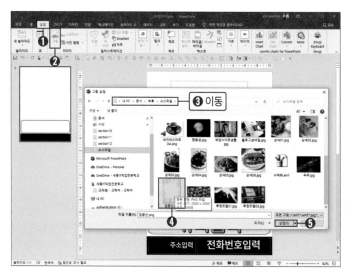

🔔 **TIP** 'elfism.com/dcr/effectline/start' 사이트를 방문하면 다양한 집중선 파일을 무료로 다운로드할 수 있습니다.

2 슬라이드의 크기에 맞게 이미지의 크기를 조절한 후 [그림 도구]의 [그림 서식] 탭 - [정렬] 그룹 - [뒤로 보내기]를 클릭하고 [맨 뒤로 보내기]를 선택합니다.

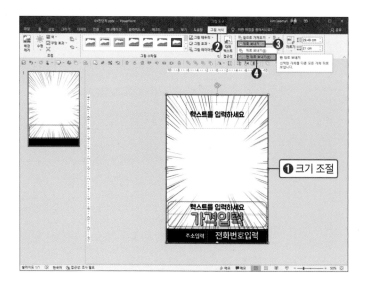

3 [홈] 탭-[그리기] 그룹-[자세히] 단추(▾)를 클릭하고 [기본 도형] 범주에서 [구름] 도형을 삽입합니다.

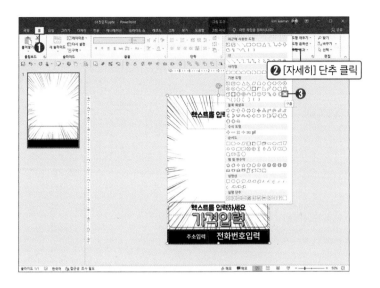

4 [그리기 도구]의 [도형 서식] 탭-[도형 스타일] 그룹에서 아래의 옵션 값으로 설정합니다.

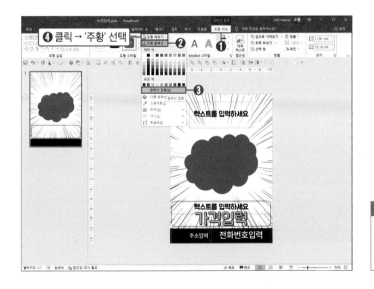

> **옵션 값**
> • 도형 윤곽선: 윤곽선 없음
> • 도형 채우기: [표준 색] 범주의 '주황'

5 [홈] 탭 - [그리기] 그룹 - [텍스트 상자]를 클릭하고 텍스트 '오픈 1주년 BIG 이벤트'를 입력한 후 [홈] 탭 - [단락] 그룹 - [가운데 맞춤]을 선택합니다.

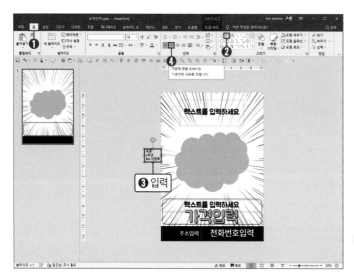

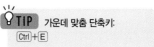

> **TIP** 가운데 맞춤 단축키:
> Ctrl + E

6 [홈] - [글꼴] 그룹에서 [글꼴]은 '배달의민족 주아'로, [글꼴 크기]는 '96pt'로 설정합니다.

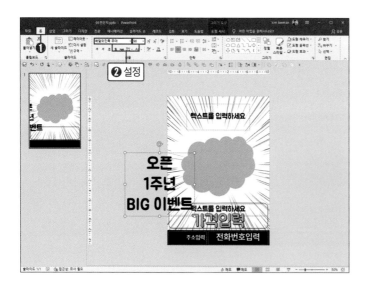

7 [홈] 탭-[단락] 그룹-[줄 간격]을 클릭하고 [줄 간격 옵션]을 선택합니다. [단락] 대화상자가 열리면 [들여쓰기 및 간격] 탭의 [간격] 범주에서 [줄 간격]은 '배수'로, [값]은 '0.8'로 설정하고 [확인]을 클릭합니다.

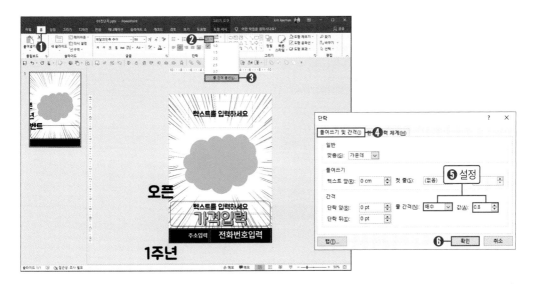

8 [홈] 탭-[글꼴] 그룹-[문자 간격]을 클릭하고 [좁게]를 선택합니다.

9 아래의 그림과 같이 구름 도형의 중앙에 텍스트가 오도록 배치한 후 [글꼴] 색을 [표준 색] 범주의 '흰색, 배경 1'로 설정합니다.

10 텍스트 상자에서 마우스 오른쪽 단추를 클릭하고 바로 가기 메뉴에서 [도형 서식]을 선택합니다. [도형 서식] 창에서 [텍스트 옵션] – [텍스트 채우기 및 윤곽선]을 클릭하고 [텍스트 윤곽선] 범주에서 [실선]을 선택한 후 '색'을 [표준 색]의 '검정, 텍스트 1'로 설정합니다.

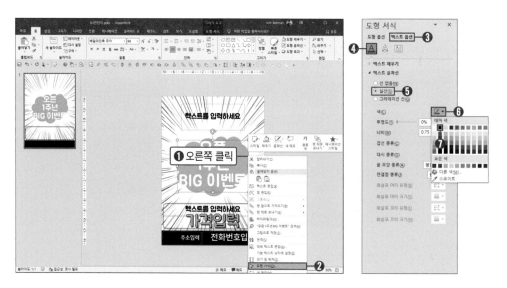

⑪ [도형 서식] 창에서 [텍스트 옵션]－[텍스트 효과]를 클릭하고 [그림자] 범주의 [미리 설정]에서 [바깥쪽] 범주의 [오프셋: 오른쪽 아래]를 선택합니다. [투명도]와 [흐리게]를 모두 '0%'로 설정합니다.

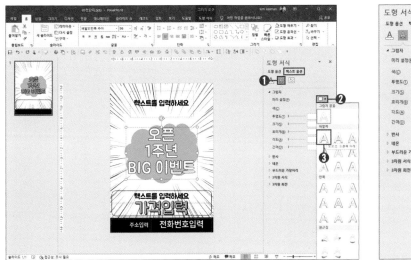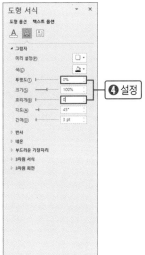

⑫ 나머지 텍스트를 입력해 완성하고 구름 도형이 작으면 크기를 조절합니다. [홈] 탭－[슬라이드] 그룹－[레이아웃]을 클릭하고 [Office 테마] 범주에서 [디자인]을 선택하면 제공되는 장식 요소를 추가할 수 있습니다.

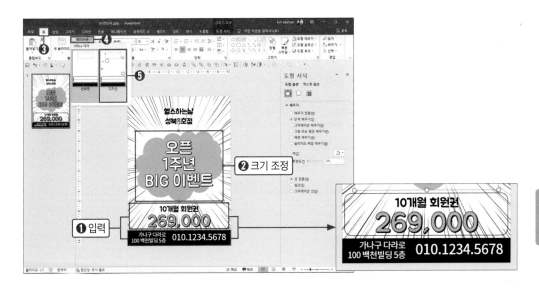

13 [파일] 탭 – [내보내기] – [파일 형식 변경]을 선택하고 [이미지 파일 형식] 범주에서 PNG 또는 JPEG 파일로 저장합니다.

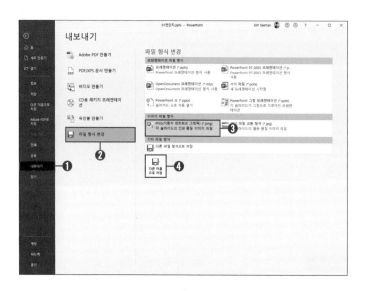

! **잠깐만요 | 다양한 전단지 살펴보기**

부록에서 제공하는 '전단지예제.pptx' 파일에서 디자인이 다양한 전단지를 살펴보고 제작에 응용해 봅시다.

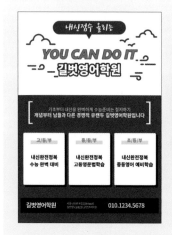

02: 명함 디자인하기

• 실습파일: 02.명함.pptx   • 완성파일: 02.명함(완성).pptx

표준 규격의 명함을 디자인하는 방법을 알아보겠습니다. 워드아트 기능을 활용해 텍스트를 이미지처럼 사용하고 대량
인쇄를 위해 파일을 PDF 파일로 저장해 보겠습니다.

핵심 기능

• 텍스트 변환 사용하기

사용 폰트

• Arial Black

사이즈

• 9.2×5.2cm

▲ 완성 이미지

▲ 앞면

▲ 뒷면 #1   ▲ 뒷면 #2

Section 12

국내 명함의 표준 규격은 가로 9cm, 세로 5cm입니다. 디자인할 때는 재단 영역까지 고려해 가로 9.4cm, 세로 5.4cm의 크기로 제작합니다. 이때 재단 여백인 상하좌우를 0.2cm씩 비워두고 디자인해야 합니다.

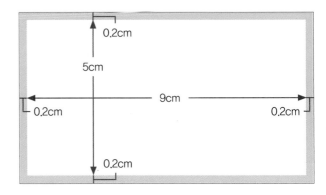

Step by Step

1️⃣ 부록에서 제공하는 '02명함.pptx' 파일을 실행하고 안내선이 보이지 않으면 [보기] 탭 – [표시] 그룹 – [안내선]에 체크합니다.

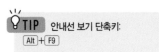

💡**TIP** 안내선 보기 단축키: Alt + F9

2 [홈] 탭 – [그리기] 그룹 – [텍스트 상자]를 클릭하고 텍스트 'KIM KEE MAN'을 입력합니다.

3 텍스트 상자를 선택한 상태에서 [홈] 탭 – [단락] 그룹 – [균등 분할]을 클릭합니다.

4 텍스트 상자의 [글꼴]은 'Arial Black'으로, [글꼴 색]은 [테마 색] 범주의 '흰색, 배경 1, 35% 더 어둡게'로 설정합니다.

5 텍스트 상자를 선택한 상태에서 [그리기 도구]의 [도형 서식] 탭 – [WordArt 스타일] 그룹 – [텍스트 효과]를 클릭하고 [변환] – [휘기] 범주에서 [사각형]을 선택합니다.

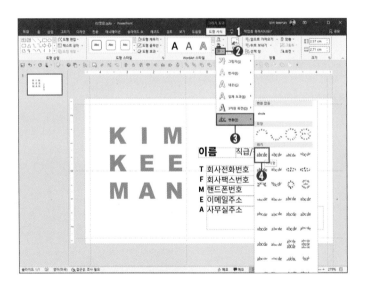

6 텍스트 상자의 크기를 아래의 그림과 같이 조절한 후 오른쪽의 텍스트 상자에 내용을 입력합니다.

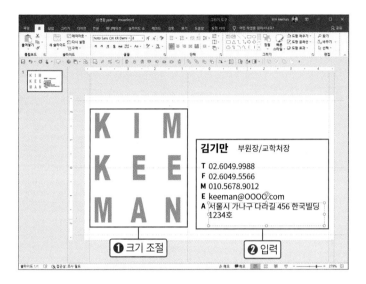

7 회사 로고가 있으면 삽입합니다.

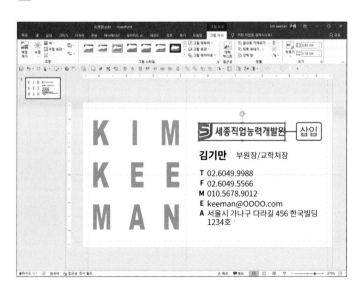

8 [슬라이드 및 개요] 창에서 마우스 오른쪽 단추를 클릭하고 바로 가기 메뉴에서 [새 슬라이드]를 선택합니다.

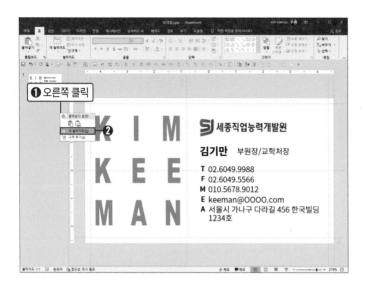

9 새 슬라이드가 삽입되었으면 [홈] 탭 – [슬라이드] 그룹 – [레이아웃]을 클릭하고 [Office 테마] 범주에서 [뒷면1]을 선택합니다.

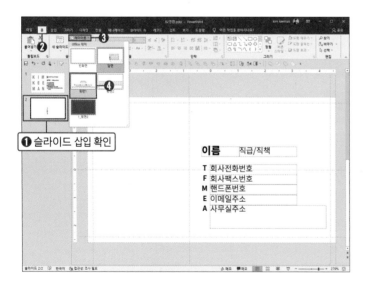

10 텍스트를 입력하고 로고가 있으면 삽입합니다.

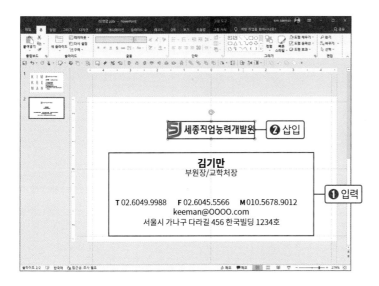

11 다른 뒷면 디자인을 원한다면 **8**~**10** 과정과 동일한 방법으로 새 슬라이드를 삽입하고 [홈] 탭-[슬라이드] 그룹-[레이아웃]을 클릭한 후 [Office 테마] 범주에서 [뒷면2]를 선택하고 텍스트를 입력합니다.

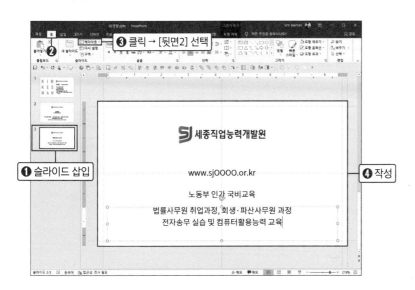

12 이번에는 새 슬라이드를 삽입하고 [홈] 탭 – [슬라이드] 그룹 – [레이아웃]을 클릭한 후 [Office 테마] 범주에서 [1_뒷면2]를 선택하고 텍스트를 입력합니다.

13 [파일] 탭 – [내보내기] – [PDF/XPS 문서 만들기]를 선택하고 [PDF/XPS 만들기]를 클릭해서 PDF 파일로 저장한 후 명함 인쇄업체 또는 관련 사이트에 업로드합니다.

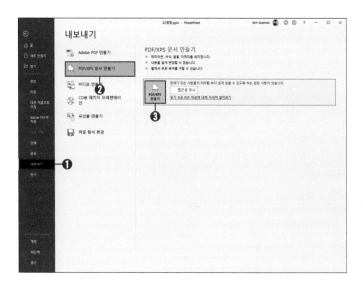

잠깐만요 | 다양한 명함 살펴보기

부록에서 제공하는 '명함_예제.pptx' 파일을 실행해 여러 가지 디자인의 명함을 살펴보고 제작에 응용해 봅시다.

김 길 벗
부서/직급

COMPANY

☐ 010.1234.5678 ✉ email@OOOO.com
📞 02.456.7899 🖨 02.567.8944
📍 서울시 가나구 다라길 1004 한국빌딩 1234호

COMPANY NAME

www.site.com

김 길 벗
부서/직급

📱 010.1234.5678
✉ email@OOOO.com
📞 02.456.7899
🖨 02.567.8944
📍 서울시 가나구 다라길 1004
한국빌딩 1234호

진료시간 | 평일 9:00 ~ 18:00 토요일 10:00 ~ 14:000 일요일 공휴일 휴무

수의사 **김 길 벗**

T. 02 - 234 - 5678   email@OOOO.com
M. 010 - 1234 - 5678
서울시 가나구 다라길 1004 한국빌딩 5층

· 실습파일: 03.포스터.pptx · 완성파일: 03.포스터(완성).pptx

139쪽의 '04 : 페이스북 커버 이미지 만들기'에서는 특정 폰트를 활용해 브러시 효과를 연출해 보았습니다. 이번에는 무료 사이트를 활용해 수채화 효과와 브러시 효과를 연출해 보겠습니다.

핵심 기능

- 이미지를 SVG 파일로 변환하기

사용 폰트

- Noto Sans CJK KR Bold
- Noto Sans CJK KR Black
- Road Rage(라이선스 있음. 개인 사용 무료)

사이즈

- 42.3×60.3cm

TIP · 'Road Rage' 폰트는 개인적인 용도로만 사용해야 하며 상업적으로 활용하려면 비용을 지불해야 합니다.
· 폰트 다운로드 링크: https://you ssefhabchi. com/fonts/road–rage

◀ 영상 강의를 보며 예제를 따라해 보세요.

▶ Step by Step

1 이미지 파일 변환 사이트인 'Rapid Resizer'를 활용해 이미지 파일을 SVG 파일로 변환해 봅시다. 'online.rapidresizer.com/tracer.php' 사이트에 접속하고 [photo to drawing converter]를 클릭합니다.

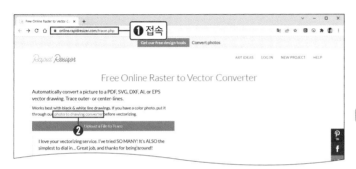

💡 **TIP** SVG 파일로 변환하기 전에 흑백 드로잉 효과를 내기 위한 과정입니다.

❗ 잠깐만요 | 이미지 파일을 SVG 파일로 변환하는 이유

이미지 파일을 SVG(Scalable Vector Graphics) 파일로 변환하면 도형처럼 사용할 수 있습니다. 예를 들어 도형 병합 기능을 활용하거나 도형 안에 다른 이미지를 삽입할 수 있습니다. SVG 파일은 파워포인트 2016 버전부터 사용 가능합니다.

2 [1. Select a Photo]에서 [Use an Image from Your Device]를 클릭한 후 [열기] 대화상자에서 부록에서 제공하는 'watercolor' 폴더의 '25.png' 파일을 선택합니다.

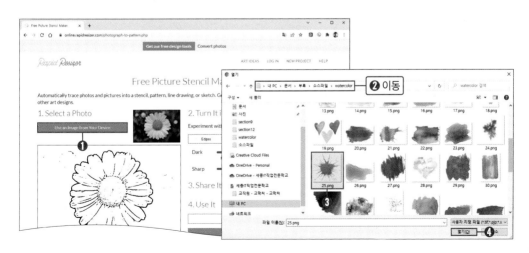

3 [2. Turn It into a Design]에서 [Threshold]를 선택하고 [Download or Print on One Page]를 클릭합니다. 새 창이 열리면 [Save to Your Computer]를 클릭해 이미지를 다운로드합니다.

4 웹 브라우저에서 [뒤로 가기](←)를 클릭해 처음 페이지로 되돌아와서 [Upload a File to Trace]를 클릭합니다. [열기] 대화상자에서 다운로드한 'Design.png' 파일을 선택하여 열면 자동으로 이미지가 변환됩니다.

5 옵션에서 [SVG]를 선택하고 [Download]를 클릭합니다.

6 부록에서 제공하는 '03포스터.pptx' 파일을 실행하고 안내선이 보이지 않으면 [보기] 탭 – [표시] 그룹 – [안내선]에 체크합니다.

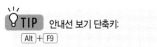

TIP 안내선 보기 단축키:
Alt + F9

7 [삽입] 탭 – [이미지] 그룹 – [그림]을 클릭해 다운로드한 'Tracing.svg' 파일을 삽입합니다.

8 [그래픽 도구]의 [그래픽 형식] 탭 – [정렬] 그룹 – [그룹화]를 클릭하고 [그룹 해제]를 선택합니다.

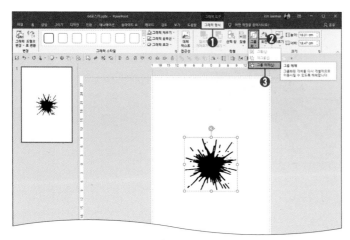

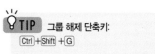

TIP 그룹 해제 단축키:
Ctrl + Shift + G

9 그리기 개체로 변환하겠는지 묻는 메시지 창이 열리면 [예]를 클릭합니다.

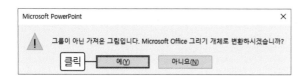

10 [그리기 도구]의 [도형 서식] 탭 – [도형 삽입] 그룹 – [도형 병합]을 클릭하고 [통합]을 선택합니다.

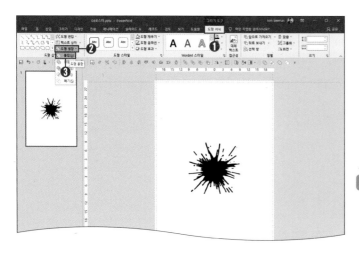

TIP SVG 파일을 [그룹 해제]하면 여러 도형으로 분할될 수 있기 때문에 [도형 병합]을 선택하여 하나의 도형으로 만들어 주어야 합니다.

11 [삽입] 탭 – [이미지] 그룹 – [그림]을 클릭한 후 부록에서 제공하는 'watercolor' 폴더의 '32.png' 파일을 삽입합니다.

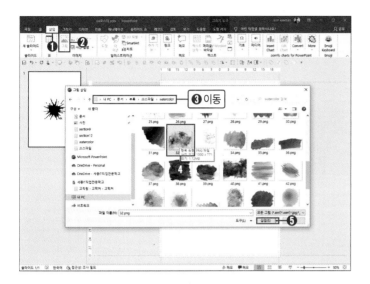

12 삽입된 '32.png' 이미지를 선택한 상태에서 [그림 도구]의 [그림 서식] 탭 – [정렬] 그룹 – [뒤로 보내기]를 클릭하고 [맨 뒤로 보내기]를 선택합니다.

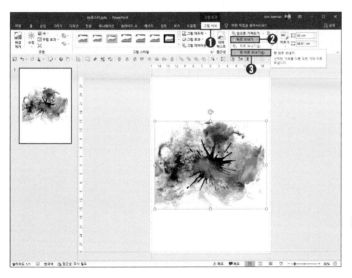

💡 **TIP** 빠른 실행 도구 모음에서 [맨 뒤로 보내기]( ) 도구를 클릭하면 더욱 편리합니다.

13 배경 그림을 먼저 선택하고 Shift 를 누른 상태에서 도형 병합된 SVG 파일을 선택합니다.

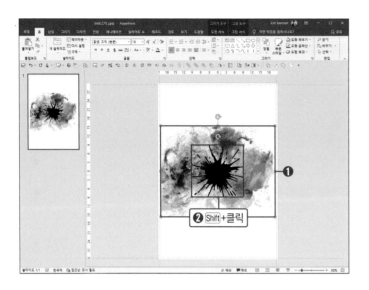

14 [그리기 도구]의 [도형 서식] 탭 – [도형 삽입] 그룹 – [도형 병합]을 클릭하고 [교차]를 선택합니다.

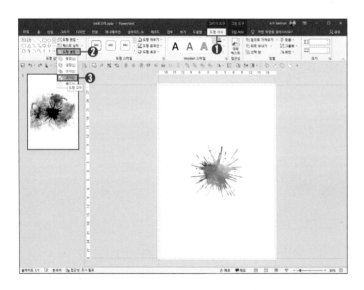

15 슬라이드에 맞게 도형을 확대합니다.

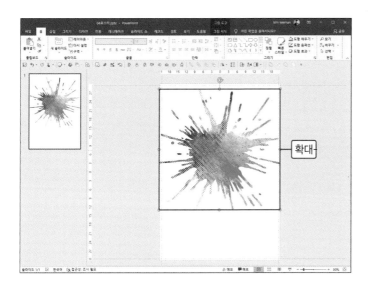

16 부록에서 제공하는 'watercolor' 폴더의 '54.png' 파일을 활용해 **1** ~ **5** 과정을 반복해서 슬라이드에 삽입하고 **7** ~ **10** 과정에 따라 순서대로 [그룹 해제] 및 [도형 병합]을 실행합니다.

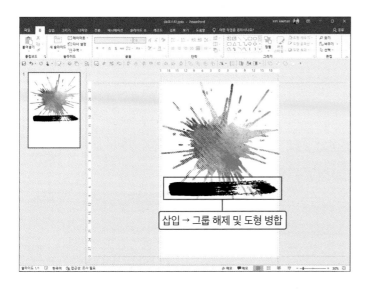

17 [그리기 도구]의 [홈] 탭 – [그리기] 그룹 – [도형 채우기]를 클릭하고 [테마 색] 범주에서 '주황, 강조 2, 25% 더 어둡게'를 선택합니다.

18 텍스트 상자를 삽입해 아래의 그림과 같이 포스터를 완성합니다. 완성되는 과정은 유튜브에서 확인 가능합니다.

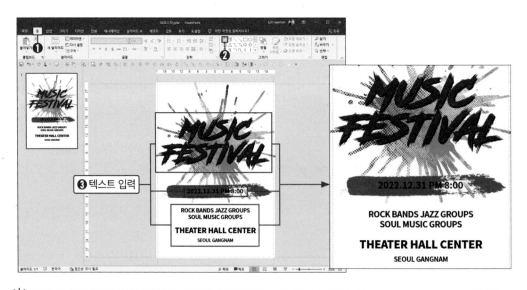

💡 **TIP** 274쪽의 QR 코드를 통해 유튜브 동영상 강의를 시청해 보세요.

19 [파일] 탭 – [내보내기] – [PDF/XPS 문서 만들기]를 선택하고 [PDF/XPS 만들기]를 클릭해 PDF 파일로 저장한 후 인쇄업체에 전달합니다.

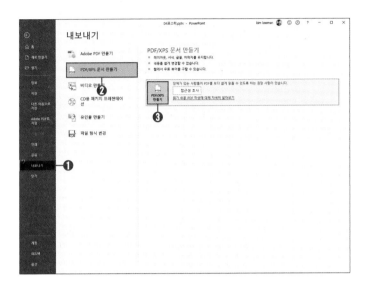

! 잠깐만요 | 다양한 포스터 살펴보기

여러 가지 디자인의 포스터를 살펴보고 제작에 응용해 봅시다.

▶ dpi가 높은 고해상도 슬라이드를 내보내는 방법

기본적으로 그림으로 저장하려는 파워포인트 슬라이드의 내보내기 해상도는 96dpi입니다. Section 08부터 Section 12에 사용한 슬라이드를 내보내기한 후 SNS나 홈페이지에 사용해 보면 dpi가 낮기 때문에 해상도가 흐려지는 현상이 발생합니다. 이 경우에는 슬라이드 내보내기 해상도를 고해상도(높은 dpi)로 변경해야 합니다.

중요 ☆ 레지스트리를 잘못 수정하면 컴퓨터 시스템에 심각한 문제가 발생할 수 있습니다. 그러므로 레지스트리를 수정하기 전에 레지스트리를 복원할 수 있도록 **5** 과정을 참고하여 꼭 백업해 두세요.

1 윈도우에 실행된 모든 프로그램을 종료하고 [시작] 단추(■)를 마우스 오른쪽 단추로 클릭한 후 바로 가기 메뉴에서 [실행](■+R)을 선택합니다.

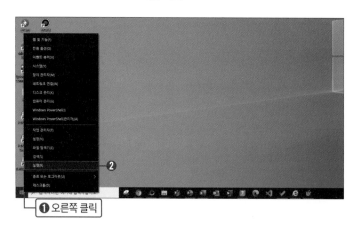

2 [실행] 창이 열리면 [열기]에 'regedit'를 입력하고 [확인]을 클릭합니다.

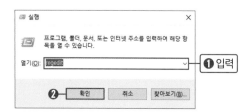

3 사용 중인 파워포인트 버전에 따라 다음과 같은 레지스트리 하위 키 중 하나를 찾습니다.

• 파워포인트 2016, 2019, 마이크로소프트 365용 파워포인트

HKEY_CURRENT_USER\Software\Microsoft\Office\16.0\PowerPoint\Options

• 파워포인트 2013

HKEY_CURRENT_USER\Software\Microsoft\Office\15.0\PowerPoint\Options

---

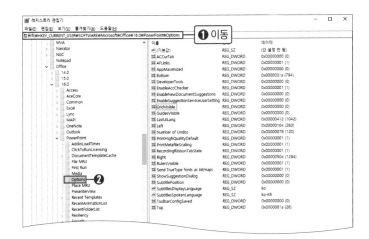

4 레지스트리를 변경하기 전에 백업해야 하므로 [레지스트리 편집기] 창에서 [파일]-[내보내기] 메뉴를 선택합니다.

5 [레지스트리 파일 내보내기] 대화상자가 열리면 [파일 이름]에 파일 이름을 입력하고 [저장]을 클릭합니다.

6 'Options' 하위 키에서 마우스 오른쪽 단추를 클릭하고 바로 가기 메뉴에서 [새로 만들기] – [DWORD(32비트) 값]을 선택합니다.

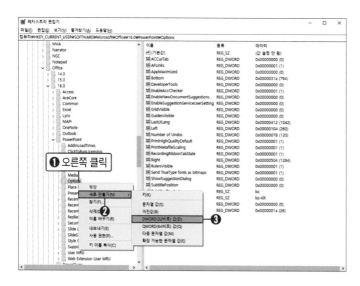

7 '새 값 #1'에 'ExportBitmapResolution'을 입력하고 Enter 키를 누릅니다.

'ExportBitmapResolution' 입력 → Enter

8 'ExportBitmapResolution'을 선택한 상태에서 마우스 오른쪽 단추를 클릭하고 바로 가기 메뉴에서 [수정]을 선택합니다.

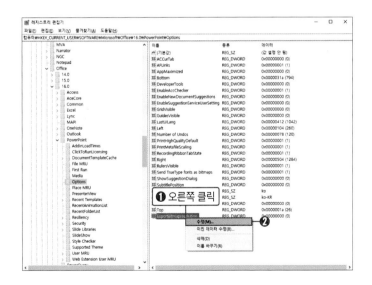

❶ 오른쪽 클릭
❷
수정(M)...

9 [DWORD(32비트) 값 편집] 대화상자가 열리면 [단위]에서 [10진수]를 선택하고 [값 데이터]에서 해상도를 '300'으로 입력한 후 [확인]을 클릭합니다.

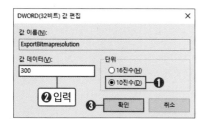

또는 다음 표의 '10진수 값'을 참고해 입력합니다.

10진수 값	전체 화면 픽셀(px) (가로×세로)	와이드 스크린 픽셀(px) (가로×세로)	인치당 도트 수(dpi) (가로와 세로)
50	500×375	667×375	50
96(기본값)	960×720	1280×720	96
100	1000×750	1333×750	100
150	1500×1125	2000×1125	150
200	2000×1500	2667×1500	200
250	2500×1875	3333×1875	250
300	3000×2250	4000×2250	300

10 [파일] – [끝내기] 메뉴를 선택하여 레지스트리 편집기를 종료합니다.

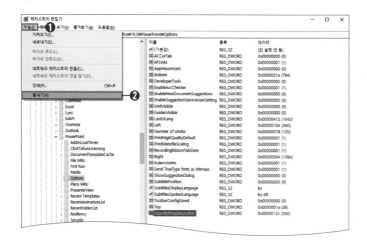